Glaube und Gottesdienst im Islam

Andrea Mohamed Hamroune

Auflage 1 /2016
Assira-Verlag Offenbach
Lektorat: Andrea Mohamed Hamroune
Coverbild: 123rf, azat1976

Kaligrafie: 123rf, Zeynur Babayev
Covergestaltung: Andrea Mohamed Hamroune
Herstellung und Verlag:
Bod- Books on Demand, Norderstedt
ISBN 978-3-7412-7436-7

Inhaltsverzeichnis

Die Grundlagen des Glaubens — 6
- Der Glaube an Gott — 7
- Der Glaube an die Engel — 8
- Der Glaube an die Bücher — 9
- Der Glaube an die Propheten — 10
- Der Glaube an den letzten Tag — 11
- Der Glaube an das Schicksal — 12

Götzendienst (Schirk) — 14

Der Gottesdienst im Islam
- I Der Glaube — 16
- II Die Reinheit — 19
- Das Gebet — 21
- III Das Fasten — 29
- IV Die Armenabgabe (Zakat) — 35
- V Die Pilgerfahrt — 41

Islamische Feiertage
Das Fest des Fastenbrechens (Eidul fitr) — 61
Das Opferfest (Eidul Adha) — 62

Der Besuch in einer Moschee — 64
Die Moschee (Der Ort der Niederwerfung) — 65
Der Mondkalender — 67
Harira — 68
Aschura — 69

Quellennachweis — 70
Buchempfehlung — 71

Die Grundlagen des Glaubens

Im Arabischen bezeichnet man die Grundlagen des Glaubens als Aqida. Sprachlich bedeutet Aqida Verbundenheit, Vergewisserung und Verlässlichkeit. Islamisch sind das die zu verinnerlichenden Glaubensinhalte. Diese verstehen sich jedoch nie metaphorisch abstrakt, sondern sind wissenschaftliche Inhalte, die auf Verständnis und Überzeugung basieren.

„Frömmigkeit besteht nicht darin, dass ihr euer Gesicht nach Osten und Westen wendet. Frömmigkeit besteht darin, dass man an Gott, den Jüngsten Tag, die Engel, die Bücher und die Propheten glaubt, dass man aus Liebe zu ihm, den Verwandten, den Waisen, den Bedürftigen, dem Reisenden und den Bettlern Geld zu kommen lässt und es für den Loskauf von Sklaven und Gefangenen ausgibt, und dass man das Gebet verrichtet und die Abgabe entrichtet. (Fromm sind auch) die, die Not und Leid und zur Zeit der Gewalt geduldig sind.. Sie sind es, die wahrhaftig sind, und sie sind die Gottesfürchtigen."
(Quran 2:177)

Die sechs Säulen des Glaubens sind:
- Der Glaube an den einzigen Gott
- Der Glaube an die Engel
- Der Glaube an die Bücher
- Der Glaube an die Propheten
- Der Glaube an den letzten Tag
- Der Glaube an das Schicksal

„O, die ihr glaubt, glaubt an Allah und seinen Gesandten und das Buch, das er seinem Gesandten offenbart und die Schrift, die Er zuvor herabgesandt hat. Wer Allah, Seine Engel, Seine Schriften, Seine Gesandten und den Jüngsten Tag verleugnet, der ist fürwahr weit abgeirrt."
(Quran 4:136)

Der Glaube an Gott

Der Kern des Islams ist der Glaube an den einzigen Gott, verbunden mit dem Satz „la illaha illa Allah". Das bedeutet, dass es keinen anbetungswürdigeren Gott gibt außer Gott. Man nennt das Tauhid- den Eingottglauben.
Die arabische Übersetzung von Gott ist Allah. Er hat vollkommene Eigenschaften. Im Quran wird er mit 99 Namen beschrieben. Wie z.B. der Allmächtige (Al Qawyy), der Unvergleichliche (Al Ahad), der Allwissende (Al Aliem) usw.
Im Quran wird Gott in jeder Sura (außer in Sure At Taube - Die Reue) mit Al Rahman (der Allerbarmer) und Al Rahim (der Barmherzige) betitelt. Arabisch sprechende Juden und Christen nennen Gott auch Allah.

Der Glaube an Gott besteht im Islam aus vier Dingen:
- Der Glaube an die Existenz Gottes
- Gott der allerhöchste Herr
- Gott allein steht die Anbetung zu
- Gott ist bekannt durch seine schönsten Namen und Eigenschaften

Jedes Kind wird mit der natürlichen Eigenschaft, dem Glauben an einen einzigen Gott, geboren.
Es gilt der Grundsatz der Verehrung, Anbetung, Liebe, Dankbarkeit und des Vertrauens.
Die größte Sünde im Islam ist der Götzendienst. Das bedeutet Beigesellung zu Gott (arab. schirk).

„Dient Allah und gesellt ihm nichts bei."
(Quran 4:36)

Der Glaube an die Engel

Engel sind weder göttlich noch halbgöttlich. Man darf sie nicht anbeten und ihnen nicht dienen. Engel sind Gott unterworfen und führen seine Befehle aus. Sie wurden aus Licht erschaffen und sind schöne Wesen mit Flügeln. Sie haben unterschiedliche Aufgaben, sind unterschiedlich groß und haben unterschiedliche Verdienste. Sie essen und trinken nicht, ihnen wird niemals langweilig, noch werden sie müde. Die Anzahl der Engel kennt nur Gott.

Es gibt z.B. den Engel Michael, der den Regen und die Wolken lenkt, Engel als Helfer der Winde und Wolken. Der Engel Israfiil wird in das Horn blasen, zum Beginn des Tages des letzten Gerichts. Der Todesengel, der die Seele des Sterbenden empfängt. Es gibt Schutzengel, es gibt Engel, die die Taten der Menschen aufschreiben- die ehrenwerten Schreiber. Munkar und Nakier besuchen die Menschen in den Gräbern, der Wächter des Höllenfeuers Malik. Der großartigste Engel ist Djibriil (Gabriel). Der Engel Gabriel war der Überbringer der Offenbarungen an den Propheten Muhammad, Friede und Segen auf ihn.

> Der Prophet Muhammad, Friede und Segen auf ihn, hat gesagt:
> "Allah hat Engel, die auf allen Wegen umherlaufen und nach denjenigen suchen, die Allah lobpreisen. Wenn sie auf eine Gruppe treffen, die Allah lobpreist, rufen sie einander zu: "Kommt zu eurem Ziel!" Dann umringen sie diese mit ihren Flügeln bis zum niedrigsten Himmel."
> **(Al-Buchary)**

Der Glaube an die Bücher

Um das zu erklären ist eine Ayat aus dem Quran am besten:

Und Wir ließen auf ihren Spuren 'Isa, den Sohn Maryams, folgen, das zu bestätigen, was von der Tora vor ihm (offenbart) war; und Wir gaben ihm das Evangelium, in dem Rechtleitung und Licht sind, und das zu bestätigen, was von der Tora vor ihm (offenbart) war, und als Rechtleitung und Ermahnung für die Gottesfürchtigen.
Und so sollen die Leute des Evangeliums nach dem walten, was Allah darin herabgesandt hat. Wer nicht nach dem waltet, was Allah (als Offenbarung) herabgesandt hat, das sind die Frevler.
(Quran 5:46- 47)

Die Muslime respektieren in Hochachtung:
- Die Tora (arab. Taurah), die auf Moses herab gesandt wurde.
- Das Evangelium (arab. Injiel), das auf Jesus herab gesandt wurde.
- Die Schriftrollen (arab. Suhur) von Moses und Abraham.
- Die Psalmen (arab. Zaboor) von David.

Der Quran bestätigt diese voran gegangen Schriften und weist das zurück, was von den Menschen verändert wurde. Er bleibt für alle Zeiten unverändert. Er ist einzigartig und unnachahmlich. Er ist die letzte Offenbarungsschrift.

Der Glaube an die Propheten

Propheten sind von Gott auserwählte Menschen, um seine Botschaft an die Menschen zu überbringen. Als Vermittler dafür stehen die Engel. Sie hatten keine göttliche Eigenschaft oder Kraft, sondern waren Diener Gottes. Es waren immer aufrichtige und sittliche Männer. Sie verbargen nichts, änderten nichts ab und waren unbestechlich.

Im Islam glaubt man an alle Propheten. Denn einen von ihnen abzulehnen, bedeutet Gottes Befehlen ungehorsam zu sein.

Das ist unser Beweismittel, das Wir Ibrahim (Abraham) gegen sein Volk gaben. Wir erhöhen, wen Wir wollen, um Rangstufen. Gewiss, dein Herr ist Allweise und Allwissend.
Und Wir schenkten ihm Ishaq (Isaak) und Ya'qub (Jakob); jeden (von ihnen) haben Wir rechtgeleitet. Und (auch) Nuh (Noah) haben Wir zuvor rechtgeleitet, und aus seiner Nachkommenschaft Dawud (David), Sulaiman (Salomo), Ayyub (Hiob), Yusuf (Josef), Musa (Moses) und Harun (Aaron) - so vergelten Wir (es) den Gutes Tuenden -;und Zakariyya (Zacharias), Yahya (Johannes), 'Isa (Jesus)und Ilyas (Elias): jeder (von ihnen) gehört zu den Rechtschaffenen; und Isma'il (Ismael), Alyasa'(Elisa), Yunus (Jonas) und Lut (Lot): jeden (von ihnen) haben Wir vor den (anderen) Weltenbewohnern bevorzugt.
(Quran 6:83-86)

Der Prophet Muhammad, Friede und Segen auf ihn, ist der letzte Prophet. Er bildet sozusagen den Abschluss der Prophetie und ist der verbundene Befürworter aller vorangegangenen Propheten.

„Muhammad ist nicht der Vater irgend jemandes von euren Männern, sondern Allahs Gesandter und das Siegel der Propheten.
Und Allah weiß über alles Bescheid."
(Quran 33:40)

Der Glaube an den letzten Tag

Das ist die absolute Gewissheit über den eigenen Tod und den Tag des jüngsten Gerichts. Im Islam glaubt man an das Fortbestehen der Seele im Jenseits. Der Mensch wird im Grab befragt werden, was er an Taten in seinem Leben vollbracht hat und dem entsprechend seinen Platz entweder in der Hölle oder im Paradies erhalten.

So ist das wichtigste Ziel des Muslims ein gottergebener und gehorsamer Mensch gegenüber den Geboten und Verboten der Gesetzgebung Gottes zu sein. Was bedeutet z.B. rechtschaffend, treu, ehrlich und anständig zu sein und die befohlenen Gottesdienste zu vollziehen.

Da die größte Sünde im Islam die Verweigerung des Glaubens an Gott und die Beigesellung (arab. Shirk) ist, wird der Ungläubige, egal ob er ein Mensch guter Taten war, in die Hölle kommen. Muslime werden anhand ihrer Waagschalen beurteilt. Die erfolgreichen werden diejenigen sein, die ihr Buch in die rechte Hand bekommen. Jeder Gläubige wird, auch nach einem Aufenthalt in der Hölle, durch die Barmherzigkeit Gottes, den Paradiesgarten betreten.

> *"Und einem jeden Menschen haben Wir seine Taten an den Nacken geheftet; und am Tage der Auferstehung werden Wir ihm ein Buch herausbringen, das ihm geöffnet vorgelegt wird. Lies dein Buch. Heute genügt deine eigene Seele, um die Abrechnung gegen dich vorzunehmen."*
> **(Quran 17:13-14)**

Der Glaube an das Schicksal und die göttliche Bestimmung

Alles was ein Mensch in seinem Leben erlebt, ist von Gott vorbestimmt. Der Mensch untersteht dabei seinem freien Willen, ist aber verpflichtet den Gesetzen Gottes Folge zu leisten.

Alles im Leben hat seinen Grund. Wichtig ist, dass man in seinem Anliegen das bestätigt und nicht enttäuscht ist, wenn etwas nicht klappt. Gott prüft den Menschen damit. Er hat für jeden Menschen bestimmt, was er an Versorgung erhält.

Der Prophet Muhammad, Friede und Segen auf ihn, sagte:
"Der Diener wird nicht eher als gläubig bezeichnet, bis er an das gute und schlechte Schicksal (Qadar) glaubt und er weiß, dass das, was ihn getroffen hat, ihn nicht verfehlen konnte, und das, was ihn verfehlt hat, ihn nie treffen konnte."
(Sunan At-Tirmidhi, Hadith Nr. 2144)

„Kein Unglück trifft ein auf der Erde oder bei euch selbst, ohne dass es in einem Buch (verzeichnet) wäre, bevor Wir es erschaffen – gewiss, dies ist Allah ein leichtes-, damit ihr nicht betrübt seid über das, was euch entgangen ist, und euch nicht (zu sehr) freut über das, was Er euch gegeben hat. Und Allah liebt niemanden, der eingebildet und prahlerisch ist."
(Quran **57:22-23**)

Schirk (Götzendienst)

Götzendienst ist die größte Sünde vor Gott. Es bedeutet „Partnerschaft", „Teilhaben" oder „Beigesellen".

„Allah vergibt gewiss nicht, dass man ihm etwas beigesellt. Doch was außer diesem ist, vergibt Er, wem Er will. Wer Allah (etwas) beigesellt, der hat fürwahr eine gewaltige Sünde ersonnen."
(Quran 4:48)

Der Schirk wird in folgende Gruppen unterteilt:

I Schirk Rububiya (Partnerschaft in der Herrschaft)
Das ist der Glaube an kleine Götter, Geister (Verstorbener), Sterbliche (Heilige), Himmelskörper (Astrologie) oder irdische Objekte (Talisman).
Man macht Götzen als ebenbürtige Herrscher zu Gott. Manche glauben auch, dass kein Herrscher über der Schöpfung steht. Obwohl Allah selbst der Schöpfer (Al Chaaliq) ist.
Es gibt auch Menschen, die an Gott glauben, ihm jedoch Teilhaber und Mitbestimmer zusprechen. Sie glauben an Geister, beten Statuen und Bildnisse an, heilig gesprochene Menschen, Himmelskörper oder Talismane.

Die wohl bekannteste Form ist die Vergöttlichung des Propheten Jesus (arab. Isa). Christen sprechen im Namen des Vaters (Gott), des Sohnes (Jesus) und des Heiligen Geistes (Der Engel Gabriel) die Trinität bzw. die Dreifaltigkeit aus. Gott kommentiert das wie folgt:

„O Leute der Schrift, übertreibt nicht in Eurer Religion und sagt gegen Allah nur die Wahrheit aus! Al Masih Isa, der Sohn Maryams ist nur Allahs Gesandter und Sein Wort, dass er Maryam entbot, und Geist von ihm. Darum

glaubt an Allah und Seine Gesandten und sagt nicht „Drei". Hört auf (damit), das ist besser für euch" Allah ist nur ein einziger Gott. Preis sei Ihm (und erhaben ist er darüber. Daß Er ein Kind haben sollte! Ihm gehört (alles) was in den Himmeln und auf der Erde ist, und Allah genügt als Sachverwalter.
(Quran 4 :171)

II Schirk in Al-Asma wa As Sifat (Göttliche Namen und Eigenschaft)
- Schirk durch Vermenschlichung
Das bedeutet, ein menschliches Abbild von Gott zu erschaffen. Entweder als Schnitzerei, Gemälde oder als Figur.
Ein Beispiel dafür ist, den Propheten Jesus als Schnitzerei darzustellen, um ihn als zu Fleisch und Blut gewordener Gott zu einem Märtyrer des Christentums zu machen.
Laut Quran ist Jesus nicht gekreuzigt worden.

"(Verflucht sind sie) dafür, daß sie ihr Abkommen brachen und Allahs Zeichen verleugneten und (daß sie) die Propheten zu Unrecht töteten und (daß sie) sagten: „Unsere Herzen sind verhüllt." - Nein! Vielmehr hat Allah sie für ihren Unglauben versiegelt; darum glauben sie nur wenig, -
und daß sie ungläubig waren und gegen Maryam gewaltige Verleumdung aussprachen, und dafür, daß sie sagten: „Gewiss, wir haben al-Masih 'Isa, den Sohn Maryams, den Gesandten Allahs getötet." - Aber sie haben ihn weder getötet noch gekreuzigt, sondern es erschien ihnen so. Und diejenigen, die sich darüber uneinig sind, befinden sich wahrlich im Zweifel darüber. Sie haben kein Wissen darüber, außer daß sie Mutmaßungen folgen. Und sie haben ihn mit Gewißheit nicht getötet."
(Quran 4: 155-158)

- Schirk durch Vergötterung der Schöpfung
Das bedeutet, man gibt einem Bildnis/ Statue den Namen einer göttlichen Eigenschaft.

III Schirk in Ibada (Gottesdienst)
- Der große Schirk (Schirk al Akbar)
Das bedeutet, man erwartet den Lohn des Gebets nicht von Gott, sondern von einem Geschöpf. Man nennt das auch Taghut (Abgott).
Im Islam betet man Gott aus Liebe an und stellt niemanden dazwischen.

Ein Muslim ist nur Gott gegenüber gehorsam, ebenso dem Propheten Muhammad, Friede und Segen auf ihn. Der Prophet Muhammad, Friede und Segen auf ihn, wird auf Grund seiner göttlichen Offenbarung geliebt und wegen seinem einzigartigen Charakter.

> *„Sag, gehorcht Allah und seinem Gesandten"*
> **Quran 3:32**

-Der kleine Schirk(Shirk al Ahgar)

Das ist Augendienerei (Al Riya). Man betet, um dabei gesehen zu werden oder gelobt. Deswegen soll man die Absicht überprüfen, um die Gottesfurcht (Taqwa) sicher zu stellen.
Daher fasst man die Absicht zum Gebet mit den Worten „Bismillah" (Im Namen Allahs).

> *„Wehe den Betenden,*
> *Denjenigen, die dabei nur gesehen werden wollen".*
> **Quran 107: 4+6)**

IIII Schirk durch Leugnung

Das bedeutet, dass man behauptet, dass es keinen Gott gibt (Atheismus). Oder, dass man an ihn glaubt und ihn derart abstraktiert, dass er nicht mehr wirklich ist.

Der Gottesdienst im Islam

Der Islam wurde auf Fünferlei aufgebaut.
Der Bezeugung, dass es keinen Gott gibt außer Gott und das Muhammad, Friede und Segen auf ihn, Gottes Gesandter ist, dem ordnungsgemäßen Verrichten des rituellen Pflichtgebetes, dem Entrichten der Zakat, dem Fasten am Monat Ramadan und die Pilgerfahrt (arab. Hadsch).
(Buchary, Muslim)

I Der Glaube

Islam bedeutet, an einen Gott zu glauben und ihm zu dienen. Das Wort Islam stammt von dem Wort Salam, dass Frieden bedeutet. Ein gottergebener Mensch ist ein Muslim.

Um Gott dienen zu können, muss man wissen, was für eine Persönlichkeit Gott hat. Gott ist unvergleichbar. Man nennt ihn auch den Al Badi- Der unvergleichlich Prächtige.

Um Gott dienen zu können, muss man seine Gebote und Verbote kennen. Dazu ließt man den Quran- das wahre Wort Gottes. Der Quran ist die letzte Offenbarung.

„Er hat das Buch mit der Wahrheit herabgesandt, dass zu bestätigen, was vor ihm offenbart war. Und er hat auch die Tora und das Evangelium herabgesandt."
(Quran 3:3)

Gott sagt im Quran, in Sure Ichlas (Die Aufrichtigkeit)

„Sag: Er ist Allah, ein Einer,
Allah, der Überlegene.
Er hat nicht gezeugt und ist nicht gezeugt worden,
und niemand ist ihm gleich."

An Gott zu glauben, bedeutet ihn zu lieben, ihm zu dienen, ihn anzubeten, ihn zu verehren und ihm dankbar zu sein. Der erste Teil des islamischen Treueschwur (Schahada) lautet:
„Aschhadu Alla illaha ill Allah- Ich bezeuge, dass es keinen Gott gibt außer Allah"
Der zweite Teil der Schahada lautet:
„Wa Aschhadu anna Muhamdan rasul Allah- Ich bezeuge, dass Muhammad sein Gesandter ist."

Ein Gesandter Gottes ist ein Mann, der die Botschaft Gottes an die Menschen überbringt. Das ist eine von Gott auserwählte Person mit besonderen Eigenschaften. Der Prophet Muhammad, Friede und Segen auf ihn, wurde auch Al Amin (Der Vertrauenswürdige) genannt. Er ist der letzte Prophet- das Siegel der Propheten.

„Muhammad ist nicht der Vater irgend jemandes von euren Männern, sondern
Allahs Gesandter und das Siegel der Propheten.
Und Allah weiß über alles Bescheid."
(Quran 33:40)

Muhammad, Friede und Segen auf ihn, dient im Islam als Vorbild in der Anbetung Gottes und er ist der Mann, der Muslimen als Beispiel vorlebt, wie man den Islam praktiziert.

"Ihr habt fürwahr im Gesandten Allahs ein vortreffliches Vorbild für den, der auf Allah hofft, und auf den Jüngsten Tag und häufig Allahs gedenkt."
(Quran 33:21)

Um sich zum Islam zu bekennen, muss man
- geistig gesund sein
- islamisch reif sein (Das Pubertätsalter erreicht haben)
- den Islam kennen

Sobald man den Islam als seine Religion angenommen hat, ist man den vorgeschriebenen Gottesdiensten verpflichtet. Das bedeutet Gott anzubeten, im Monat Ramadan zu fasten, die Almosenabgabe (Zakat) zu zahlen und wenn man es schafft (den Weg dorthin findet und genug Geld hat) mindestens einmal im Leben, die große Pilgerfahrt (Hadsch) zu unternehmen.

II Das Gebet
Die Reinheit

"Ihr, die den Glauben verinnerlicht habt! Wenn ihr zum rituellen Gebet aufstehen wollt, dann wascht (vorher) eure Gesichter, eure Hände und Arme bis zu den Ellenbogen, benetzt eure Köpfe und (wascht) eure Füße bis zu den Knöcheln. Und wenn ihr dschunub seid, dann stellt die rituelle Reinheit wieder her. Und wenn ihr krank oder auf Reisen seid, oder von der Notdurft kommt oder eure Frauen (intim) berührt habt und kein Wasser findet, dann sucht reine Erde auf und überstreicht (mit bestäubten Händen) eure Gesichter und eure Hände. ALLAH will euch nichts Unangenehmes gebieten, sondern euch nur reinigen und euch Seine Gabe vervollständigen, damit ihr euch dankbar erweist."
(Quran 5 : 6)

Ihr, die den Glauben verinnerlicht habt!
Ab dem Zeitpunkt, an dem man den Islam als seine Religion angenommen hat und vom Herzen den Glauben (arab. Iman) an den einzigen Gott wissentlich bestätigt hat, ist die erste Pflicht eines Muslims, dem Gebet nachzukommen. Um dieses zu dürfen, muss man rituell rein (Tahara) sein.
„*Es wird kein Gebet ohne gültige Gebetswaschung und keine Almosen aus Betrug angenommen.*"
(Sahih Muslim, Hadith Nr. 479)

Wenn ihr zum rituellen Gebet aufstehen wollt, dann wascht (vorher) eure Gesichter, eure Hände und Arme bis zu den Ellenbogen, benetzt eure Köpfe und (wascht) eure Füße bis zu den Knöcheln.
Man benutzt dafür reines, ungefärbtes, sauberes Wasser vom Regen, aus Quellen, Fluss oder dem Meer. Die oben beschriebene Waschung (Wu`du) wird nach der genannten Reihenfolge, von rechts beginnend, dreimal

vollzogen.

Der Muslim erneuert diese gerne vor jedem Gebet. Die Gebetswaschung wird ungültig nach dem man die Notdurft verrichtet hat, fest geschlafen hat, bei Blähungen, Bewusstlosigkeit, Trunkenheit und wenn man Medikamente genommen hat, die die Kontrolle über den Geist beeinträchtigen.

Für Sesshafte ist es nach dem ersten Wu`du erlaubt, sich einen Tag und eine Nacht mit Wasser die Socken zu bestreifen (al mash), für Reisende gilt diese Regelung drei Tage und Nächte.

Und wenn ihr dschunub seid, dann stellt die rituelle Reinheit wieder her.
„Dschunub" ist die große Unreinheit, nach der man eine Ganzkörperwaschung vor dem Wu`du vollziehen muss. Dieser Zustand tritt nach der Menstruation oder dem Wochenbett auf, dem Geschlechtsverkehr oder einem Samenerguss (feuchter Traum oder Masturbation)

Und wenn ihr krank oder auf Reisen seid, oder von der Notdurft kommt oder eure Frauen (intim) berührt habt und kein Wasser findet, dann sucht reine Erde auf und überstreicht (mit bestäubten Händen) eure Gesichter und eure Hände.
Es kann vorkommen, dass man entweder kein Wasser, zu wenig oder unsauberes Wasser hat. Man vollzieht dann den Tayammum (Die Ersatzabreibung). Dazu benutzt man Sand, Zement oder Steine, die man mit der Hand leicht berührt, danach streicht man mit der rechten Hand über die linke Hand und wischt dann über sein Gesicht.
Sobald man genug sauberer Wasser hat, ist die Erlaubnis zum Tayammum aufgehoben und die normale Gebetswaschung muss wieder vollzogen werden.
Die Gültigkeitsregel des Tayammum ist die gleiche wie beim Wu`du.

ALLAH will euch nichts Unangenehmes gebieten, sondern euch nur reinigen und euch Seine Gabe vervollständigen, damit ihr euch dankbar erweist."

Das Gebet

„Wahrlich, Ich bin Allah. Es ist kein Gott außer Mir; darum diene Mir und verrichte das Gebet zu Meinem Gedenken."
(Quran 20:14)

Das Gebet (arab. As salaah) hat vor Gott die wichtigste Stellung. Es zu unterlassen führt zum Unglauben (arab. Kufr). Der Jenige, der das Gebet absichtlich unterlässt, ohne die Pflicht zu leugnen, ist ein Frevler (arab. faasiq) und wird zu rituellen Reue (arab. tauba) aufgefordert.

Es gibt fünf Pflichtgebete, die täglich zu verrichten sind:
- Das Frühgebet (salaadul alfajr) mit 2 Ra`ka
- Das Mittagsgebet (salaadul dhur) mit 4 Ra`ka
- Das Nachmittagsgebet (salaadul asr) mit 4 Ra`ka
- Das Abendgebet (salaadul Maghrib) mit 3 Ra`ka
- Das Nachtgebet (salaadul ischaa) mit 4 Ra`ka

Als Ra´ka bezeichnet man Gebetsabschnitte.

Um den richtigen Zeitpunkt für das jeweilige Gebet zu finden, beobachtete man früher den Sonnenstand. Heute ist es üblich geworden, einen Gebetskalender zu benutzen, in dem die Gebetszeiten nach der Uhrzeit eingetragen sind.
Beispielsweise betet man das Morgengebet, wenn die Nacht zu ende geht und die Sonne langsam wieder kommt. Sollte man ein Gebet verpasst haben, muss es nachgeholt werden.
Um die Muslime an ihr Pflicht zu erinnern, ruft vor dem Gebet ein Muadhan (Gebetsrufer) den Adhan (Gebetsruf) aus:

Allahu Akbar (Allah ist größer 4x)

Aschhadu anna illaha illa Allah
(Ich bezeuge, dass es keinen Gott gibt ausser Allah 2x)

Aschahadu anna Muhammadan rasulullah
(Ich bezeuge, dass Muhammad sein Diener und Gesandter ist 2x)

Hayya alas Salat (komm her zum Gebet 2x)

Hayya alal Falah (komm her zum Erfolg 2x)

Allahu Akbar (Allah ist größer 2x)

la ilaha illa Allah (es gibt keinen Gott außer Allah)

Zum Frühgebet fügte man an den Schluss:

Al salat chairun min al Naum (Das Gebet ist besser als der Schlaf)

Bevor das Gebet dann tatsächlich beginnt, wird die Iqama ausgerufen:

Der Ruf lautet genau wie der Adhan, nur das nach Hayya alal falah dann qad qaamatis- sallaah 2x gerufen wird. Das bedeutet " Das Gebet beginnt". Der Rest ist wieder gleich.

Frauen dürfen nur für Frauen den Adhan und die Iqama ausrufen.

Um dem Gebet verpflichtet zu sein:
- muss man Muslim sein
- geistig gesund
- die Geschlechtsreife erreicht haben
- Frauen ist das Gebet während der Menstruation und dem Wochenbett verboten.

Kinder sollen ab 7 Jahren das Gebet lernen und ab 10 Jahren bei Unterlassung sehr ermahnt werden.

Das Gebet muss zum richtigen Zeitpunkt verrichtet werden, der Gebetsplatz muss sauber sein, die rituelle Reinheit muss vorhanden sein, die Gebetsrichtung (arab.Qibla) in Richtung der Kaaba in Mekka muss eingenommen werden und die Absicht zum Gebet muss gefasst sein.
In Deutschland betet man in Richtung Südosten.
Frauen müssen sich ganz bedecken, außer Gesicht und Hände.
Die mindeste Sure, die man für das Gebet können muss, ist die Al Fatiha (Die Eröffnende). Das Gebet wird immer auf Arabisch gesprochen.

Bi ismillahir Rahmanir rahim
Al- hamdullilahi rabbi l- alamamin
Ar- rahmani r- rahim
Maliki Yaumid- din
Ijjaka na`budu ua- iyyaka nasta`in
Indina s-Sirat al- mustaqim
Siratal ladina an`amta alayhim
Ghayri l- magdubi alayhim wa- la d- dallin
Amin!

" Im Namen Allahs, des Allerbarmers, des Barmherzigen.
Alles Lob gebührt Allah, dem Herrn der Welten,
Dem Allerbarmer, dem Barmherzigen,

Dem Herrscher am Tag des Gerichts.
Dir allein dienen wir und zu Dir allein flehen wir um Hilfe,
Leite uns den geraden Weg,
den Weg derjenigen, denen Du Gunst erwiesen hast, nicht derjenigen, die (Deinen) Zorn erregt haben, und nicht der Irregehenden!"

Die Al Fatiha wird aus dem Arabischen auch als „Anfang einer Sache" oder „Einleitung" oder „Vorwort" übersetzt.
Sie wird an den Anfang der Rezitation im Gebet gesetzt und muss mindestens zweimal wiederholt werden.
Man nennt sie auch
- Die Surat-as salah (Sure des Gebets)
- Surat- ul-Kanz (Sure des Schatzes)
- Surat- ul- Jamt (Sure des Lebens)
- Al Wafiya (Die Vollendete)
- Al Waquya (Die Schützende)
- Al- Kafiya (Die Ausreichende)
- As Sasu- ul- Quran (Die Grundlage des Quran)
- Asch- Schifa (Die Heilung)
- Umm ul kitab (Mutter des Buches)
- As Sab` ul Mathani (Die sieben oft wiederholten Ayat)

„Kein Gebet für den, der nicht in jeder Ra´ka die Fatihat- ul Kitab (die Eröffnenede des Buches) rezitiert."
(Buchary)

Die Sure Al Fatiha gibt den Kern des Glaubens wieder. In ihr werden Namen und Eigenschaften von Gott genannt, der Eingottglaube (arab. Tauhid) und sie legt das Verhältnis von Allah zu den Menschen in seinen Grundzügen dar.

Beim Gebet soll es unterlassen werden:
- In einer Moschee zu beten, die mit ribba (Zinsgeschäft) gebaut wurde
- Eine Lücke zwischen den Betenden zu lassen
- Das Gebet auf Friedhöfen, Metzgereien und Schlachthöfen, Müllplatz, auf der Straße, im Bad oder auf dem Dach der Kaaba
- Beten in schmutzigen Kleidern
- Die Ellenbogen dürfen nicht auf dem Boden liegen
- Hin- und herschwanken im Gebet
- Kleidung mit Figuren drauf
- Das Gebet bei Müdigkeit und Gähnen
- Beten, wenn man zur Toilette muss

Es ist erlaubt
- zu weinen und zu seufzen
- den Kopf zu drehen
- gefährliche Tiere zu töten
- Kinder und Säuglinge zu tragen
- den Imam (Vorbeter) zu korrigieren
  Männer sagen „subhanallah" (Allah seih gepriesen), Frauen klatschen in die Hände.
- den Quran zu lesen aus einem Mushaf (gebundenes Buch)

Es ist zu unterbrechen
- um ein Tier zu töten
- dem Ruf der Eltern zu folgen
- einem Hilferuf zu antworten
- um Schaden von Menschen und Tier abzuwenden
- wenn man auf die Toilette muss

Das Gebet wird ungültig durch:
- Unterlassung einer Vorbedingung (z.B. ohne Gebetswaschung beten)
- Essen und trinken
- Vorsätzliche Worte, die nicht zum Gebetstext gehören
- Lautes Lachen
- Fehlerhafte Quranrezitation
- Wegdrehen von der Qibla (Gebetsrichtung)

Die Pflichtgebete
- Die 5 Pflichtgebete
- Das rituelle Freitagsgebet zur Mittagszeit
  Dieses Gebet findet in der Moschee statt und ist für Männer Pflicht, Frauen können daran teilnehmen, für sie ist es auch zu Hause machbar.
- Das Totengebet
  Sollte möglichst zeitnah nach dem Tode abgehalten werden, in der größtmöglichen Gemeinschaft.

Die Sunnagebete
Die Sunna ist die vorbildliche Nachahmung des Propheten Muhammads, Friede und Segen auf ihn, in dem Folgen seiner Taten, Worte und stillschweigenden Billigungen.
- Das Witre- Gebet
  Ein Gebet nach dem Nachgebet, vor dem Morgengebet
- Das rituelle Gebet vor und nach dem Pflichtgebet
  2 Ra`ka vor und 4 nach dem Dhur- Gebet
  2 Ra`ka nach Maghrib
  2 Ra´ka nach dem Iscchha- Gebet
  2 Ra´ka vor dem Fadschir- Gebet
  Das Asr- Gebet hat kein regelmäßiges Sunnagebet.
- Das Duha- Gebet
  10 -12 Ra`ka nach dem Sonnenaufgang

- Das Gebet um Regen
- Das Gebet um Vergebung
- Das Gebet bei einer Mond- und Sonnenfinsternis
- Das Gebet um die richtige Eingabe, um bessere Entscheidungen treffen zu können
- Das Tarawih- Gebet
  Nach dem Nachtgebet im Monat Ramadan
- Das rituelle Tahadsch- dschud Gebet
  Wenn man nachts aufwacht, nach dem Nachtgebet bis zum frühen Morgen

Das Reisegebet (arab. Salat As-safar)

„Und wenn ihr im Land umher reist, so ist es keine Sünde für euch, das Gebet abzukürzen, wenn ihr befürchtet, diejenigen, die ungläubig sind, könnten euch überfallen. Die Ungläubigen sind euch ja ein deutlicher Feind."
(Quran 4:101)

Man ist auf der Reise, wenn das Ziel etwa 88 km von zu Hause entfernt ist. Ab dann darf man das Gebet verkürzen, aber erst wenn man seinen Heimatort verlassen hat und tatsächlich die Absicht hat eine Entfernung dieser Strecke zurückzulegen.
Die Erlaubnis dazu gilt bis zu drei Tagen und nur für das Mittags- Nachmittags- und Nachtgebet., da sie jeweils 4 Ra`ka haben.
Dabei wird jedes Gebet auf 2 Rak` a gekürzt.
Das Morgengebet bleibt zeitpunktgleich bestehen (2 Ra´ka).
Das Mittags- und das Nachmittagsgebet wird zusammengelegt und das Abend- und Nachtgebet wird dabei zusammengelegt (mit je 2 Rak`a).

Notfalls darf in Fahrzeugen, Autos oder Schiffen gebetet werden. Natürlich achtet man dabei auf die Einhaltung der Gebetsrichtung.

Die Festgebete

Idul- fitre - zum Ende des Monats Ramadan, am 1sten Schawaal

Idul- adha - Opferfest findet am Ende der Hadsch (große Pilgerfahrt) statt. Am 10ten Dhul Hidscha, ein Tag nach dem Tag von Arafa.

Es wird von Frauen, Männern und Kinder verrichtet.

III Das Fasten

„Ihr, die den Iman verinnerlicht habt! Das rituelle Fasten wurde euch geboten, wie es denjenigen vor euch geboten wurde, damit ihr euch ehrfürchtig erweist." **(Quran 2:183)**

Fasten (arab. Siyam) bedeutet die Enthaltsamkeit von Worten und Taten. Man unterlässt ab der Morgendämmerung bis zum Sonnenuntergang alles, was das Fasten (arab. Saum) unterbricht.
Im Monat Ramadan sind die Tore des Paradieses geöffnet, die Tore der Hölle sind geschlossen und die Satane gefesselt.

> Der erhabene Schöpfer sagte in einem Hadith Qudsi: „Aller Gehorsam des Menschen ist für ihn selbst, ausgenommen das Fasten, denn das Fasten ist für Mich, und Ich selbst belohne dafür. Das Fasten ist ein Schutzwall. Und wenn ein Tag euer Fastentag ist, so seid nicht ungesittet, schreit nicht und werdet nicht töricht. Und wenn euch jemand beschimpft oder bekämpft, so sagt zweimal: „ich faste". Ich schwöre bei Dem, in Dessen Hand Muhammads Seele liegt, dass der Mundgeruch des Fastenden dem Schöpfer am Tag der Auferstehung lieber ist, als der Geruch des Moschus. Und der Fastende genießt zwei Freuden: Wenn er sein Fasten beendet hat, freut er sich über die Mahlzeit und wenn er seinem Schöpfer begegnet, freut er sich, dass er gefastet hat."
> **(Buchary)**

Man vermeidet den Frevel, redet leise, beschimpft niemanden und streitet nicht. Wenn man erzürnt wird, soll man den Streit mit den Worten: „Ich faste!" ablehnen. Der Mundgeruch des Fastenden ist für Allah wie der Duft von Moschus. Ein Muslim, der die Fastenpflicht abstreitet, ist ein Ungläubiger (arab. Kafir).
Der Monat Ramadan ist der neunte Monat im islamischen Mondkalender. Um den Beginn des Monats zu bestätigen, soll eine Gruppe stellvertretend für alle am 29. Schabaan den Neumond gesichtet haben, andernfalls am 30. Schabaan.

Dieses darf nicht unterlassen werden.
Die Berechnung des Neumondes ist erst nach bestätigter Sichtung akzeptabel.
Der Monat Ramadan hat 29 Tage oder höchstens 30 Tage. Das Fasten ist definitiv nach 30 Tagen zu beenden.

Um dem Fasten verpflichtet zu sein:
- muss man Muslim sein
- zurechnungsfähig
- geschlechtsreif
- die Fähigkeit dazu haben

Kinder, alte Menschen und geistig behinderte Menschen brauchen nicht zu fasten. Stirbt man vorher, gilt es als Sünde und die nächsten Verwandten (Erben, arab. walih) müssen die Tage für den Verstorbenen nachholen.
Bevor man anfängt zu fasten, muss man die Absicht dazu gefasst haben. Das passiert meistens in der Nacht davor.

> „Die Taten werden ausschließlich nach der Absicht beurteilt, und jedem Menschen wird nur das Vergolten, was er beabsichtigt hat."
> **(Buchary)**

Das Fasten wird gebrochen durch
essen, trinken, rauchen, absichtliches Erbrechen, Selbstbefriedigung (Onanie) oder durch geschlechtliche Erregung, Geschlechtsverkehr.
Medikamente und Spritzen ohne Nährwert annullieren das Fasten nicht.
Sollte man aus Vergesslichkeit oder Versehen etwas derartiges tun, bleibt das Fasten gültig.

> „Wer aus Vergesslichkeit, während des Fastens, isst oder trinkt, soll seinen Tag zu ende fasten. Denn Allah hat ihm zu essen und zu trinken gegeben."
> **(Buchary)**

Ausnahme
Für Reisende und Kranke, schwangere und stillende Mütter, wenn Bedenken für die Gesundheit des Kindes bestehen, Wöchnerinnen und Menstruierende. Alte Menschen und chronisch Kranke, wenn das Fasten zu einer lebensbedrohlichen Situation führt.
(Das Fasten muss bis spätestens nächsten Ramadan nachgeholt werden, alten Menschen ist es erlaubt, nicht zu fasten. Sie speisen dafür Bedürftige als Fidyah (Ersatzleistung) und brauchen die Tage nicht nachholen)

Wenn etwas schief läuft,
z.B. zu spät fasten oder zu früh beenden
Geschlechtsverkehr (das Fasten muss zu ende geführt werden)
dann muss man eine Wiedergutmachung (arab. kafaara) leisten.
1. einen Sklaven befreien oder
2. zwei Monate aufeinander fasten oder
3. 60 Arme speisen (z.B. mit Datteln) oder
4. die Familie mit Datteln speisen
(In absteigender Möglichkeit. Je nach dem, was eher leistbar ist)

Erlaubt ist:
– Ein Vollbad nehmen
– Zähneputzen und spülen (versehentliches Schlucken von Wasser beeinträchtigt das Fasten nicht)
– Zärtlichkeiten mit dem Ehepartner (kontrolliert)
– einatmen von Staub und riechen von Parfüm
– Essen kosten (muss aber wieder ausgespien werden)
– Speichel schlucken
– Fastenbeginn im dschanabaah Zustand (bis zum Frühgebet spätestens Ganzkörperwaschung und rituelle Reinigung)

Vor dem Fastenbeginn ist es üblich eine Suhur- Mahlzeit einzunehmen (vor Mitternacht und Morgenlicht). Sobald die Sonne untergegangen ist beendet man das Fasten. Üblicherweise macht man das mit einer ungeraden Zahl von Datteln oder einem Schluck Wasser.

Fastenbrechen (arab. Iftar)
Iftar bedeutet Frühstück, da es die erste Mahlzeit nach dem Fasten ist.
Vor dem Fastenbrechen spricht man ein Bittgebet (arab. Du`a):

> „Der Durst ist gestillt, die Adern sind durchflossen und die Belohnung ist sicher, so Allah es will."
> **(Abu Dawuud)**

Danach betet man das Maghribgebet.

Vor der Mahlzeit spricht man folgendes Bittgebet (arab. Du`a):

> „Allah gewähre uns Segen in dem, was Du uns gegeben hast, und bewahre uns vor dem Höllenfeuer."
> **(Muslim)**

Traditionell ist es üblich eine Fastensuppe zuzubereiten. Die Harira-Suppe. Die Frauen kochen den ganzen Tag und bereiten viele leckere Speisen zu. Es werden Gäste eingeladen oder man isst selbst manchmal woanders.

> *"... Und esst und trinkt, aber seid nicht maßlos!-*
> *Er (Allah) liebt nicht die Maßlosen"*
> **(Quran 7:31)**

Das maßvolle Essen ist besonders für diejenigen sinnvoll, die danach zum Tarawih- Gebet in die Moschee gehen. Üblicherweise findet sogar der Iftar in der Gemeinschaft in der Moschee statt.

> Von Zaid ibn Châlid Al-Dschuhanî wurde berichtet, dass der Prophet sagte: „Wer einen Fastenden speist, bekommt die gleiche Belohnung wie dieser, ohne dass die Belohnung des Fastenden geschmälert wird."
> **(At-Tirmidhî)**

Am Tage liest man häufig den Quran, ist freundlich, hilfsbereit und großzügig. Es ist verboten an den Id- Tagen zu fasten (Fest des Fastenbrechens und das Opferfest). Man sollte nicht am 30ten Schabaan (1 Tag vor Ramadanbeginn) fasten. Am Tag von Arafa ist das Fasten für den Pilger verboten. Frauen dürfen an freiwilligen Fastentagen nur mit der Zustimmung des Ehemannes fasten. Außerdem soll man nicht ständig freiwillig fasten.

Sunnafasten
- 6 Tage im Schawaal (10ter Monat des islamischen Mondkalenders)
- Die ersten 9 Tage von Dhul- Hidscha (12ter Monat des islamischen Mondkalenders)
- Am Tag von Arafa für Daheimgebliebene
- Fasten im Monat Muharram (erster Monat im islamischen Mondkalender)
- Das Fasten am Aschura (10ter Tag von Muharram)

History:
Die Befreiung der Bani Israel aus Ägypten, Durchquerung des Meeres.

Traditionell wird an diesem Tag eine Süßspeise gekocht mit dem Namen Ashura. Es ist Sunna an diesem Tag zu fasten. Da die Juden diesen Tag auch fasten, fasten die Muslime zusätzlich einen Tag davor und einen Tag danach, um sich von ihnen zu unterscheiden. Vor der Verpflichtung zum Ramadanfasten, war Ashurafasten Pflicht. Danach wurde er eine freiwillige Sunna.

- Fasten am Montag und Donnerstag
- Das Fasten an den weißen Tagen (Vollmond 13.14.15 Tag im Mondkalender)

Das Sunnafasten ist ein freiwilliges Fasten und kann jederzeit unterbrochen werden. Der Tag sollte aber trotzdem nachgeholt werden.

Das Tarawihgebet
wird üblicherweise nach dem Nachtgebet in der Moschee verrichtet, es ist aber auch zu Hause möglich. Es hat eine ungerade Zahl von Ra`ka (bis zu 19).

Im Monat Ramadan gibt es eine ganz besondere Nacht. Die lailul- qadr (Nacht der Allmacht oder Nacht der Bestimmung). In dieser Nacht wurde der Quran hinabgesandt. Sie ist in den letzten zehn Tagen, in einer der ungeraden Nächte. Man soll in der Gemeinschaft bis zum Morgengrauen beten, dass dem Muslim alle Sünden vergeben werden. Der Prophet Muhammad, Friede und Segen auf ihn, zog sich dazu in die Moschee zurück (Al Itikaaf). Er rezitierte viel den Quran, sprach gute Worte und leistete viele freiwillige Gebete. Er sprach Bittgebete und bat Allah um Verzeihung.
Im Jahr seines Todes blieb er zwanzig Tage im Itikaaf.

IV Die Armenabgabe (Zakat)

Als Zakat bezeichnet man die Pflichtabgabe nach dem Vermögen.
Das Wort bedeutet „Reinigung" und „Wachstum". Sadaqa ist ein Synonym für Zakat.

> *„Die Almosen sind für die Armen, die Bedürftigen, diejenigen, die damit beschäftigt sind, diejenigen, deren Herzen vertraut gemacht werden, (dem Loskauf) von Sklaven, die Verschuldeten, auf Allahs Weg und für den Sohn des Weges, als Verpflichtung von Allah. Allah ist Allwissend und Allweise."*
> **(Quran 9:60)**

All diese Menschen haben ein Recht auf die Abgabe. Das Zakat vervielfacht das Vermögen des Muslims von Gott. Der Prophet Muhammad, Friede und Segen auf ihn, sagte: „Kein Vermögen eines Menschen wird durch Sadaqa vermindert! Auch keinem Menschen wird Unrecht zugeführt, und er bleibt dabei standhaft, ohne das Allah ihm noch mehr Ehre verleiht. Und kein Mensch öffnet eine Tür zum Betteln, ohne das Allah ihm eine Tür zur Armut öffnet."
Die Abgabe schützt den Muslim vor Geiz und Habsucht. Er erlernt verantwortungsbewussten Umgang mit seinem Vermögen und es für Allah auszugeben.

> *„Diejenigen, die von ihrem Vermögen nachts und am Tage, insgeheim und öffentlich geben, diese haben ihre Belohnung bei ihrem Herrn und um sie gibt es weder Angst, noch werden sie traurig sein."*
> **(Quran 2:274)**

Die Abgabe schützt den Muslim vor Überbewertung des Diesseits. Allah verspricht ihm dafür die Vermehrung des Geldes.
Der Empfänger kann sich so aktiv an der Gesellschaft beteiligen. Er empfindet dadurch keinen Neid, Missgunst und Hass auf Wohlhabende. Die Bedürftigen

brauchen nicht Bitten, da sie berechtigt sind an einem Anteil, der Gebende ist ihm verpflichtet. So entsteht eine Partnerschaft. Auf diese Weise wird das Wirtschaftswachstum angekurbelt. Da nicht sinnlos gehortet, sondern stets gewinnbringend gewirtschaftet wird. Auch Bedürftige können aktiv am Wachstum beitragen.

Zakat beugt der Unzucht vor, mindert das Betteln und schützt vor Kriminalität. Außerdem kommt die Hilfe ohne Umwege, direkt da an, wo sie gebraucht wird. Die Bedürftigen werden vor Ignoranz, Arroganz, Gleichgültigkeit, Diskriminierung und Rassismus geschützt. Auf diese Weise wird Gleichheit, Mitgefühl, Verantwortung und Solidarität gefördert.

Die Pflicht zur Zakat hat man:
- als Muslim
- wenn man geschlechtsreif ist
- bei angemessenen Vermögenswerten (arab. Nisaab)

Die Zakat wird einmal jährlich zu keinem bestimmten Zeitpunkt fällig. Der Pflichtige kann sich den Zeitpunkt selber, innerhalb eines Jahres aussuchen oder auch im Voraus bezahlen. Für Geld zahlt man innerhalb eines Jahres, bei Zakat von Landwirtschaftsertrag und Bodenschätze dagegen sofort.

Da das internationale Zahlungsmittel Gold ist, bemisst man den Nisaab gleichfalls mit diesem Wert. Der *Tages*kurs von 1g Gold liegt heute z.B. bei 37,77€. So sind also 85g Gold 3210,45€ wert. Sobald das Vermögen über diesen Betrag kommt, ist ein Muslim zakatzahlungspflichtig.

Man zahlt Zakat für

I Viehbestand

(ohne Nutztiere und Futtertiere, weil sie verkauft werden)
- Ab 40- 120 Ziegen /Schafe = ein weibliches Tier
- 121- 200 = zwei Schafe /zwei Ziegen
- Ab 30 - 39 Rindern = ein einjähriger Bulle
- 40- 59 = eine zweijährige Kuh
- Kamele (5 Tiere) = (ab 24 Tiere als Ersatz Schafe)

Die Tiere dürfen nicht krank sein, alt oder behindert. Das Geschlecht muss eingehalten werden. Das Tier muss von mittlerer Qualität sein.

II Zakat für tierische Produkte

- für Honig
- Für Fleisch, Milch, Milchprodukte, Seide, Eier, Leder, Wolle

10% des aktuellen Verkaufswert (Netto)

III Zakat für die Landwirtschaft

„Esst von den Früchten, wenn sie Früchte tragen, dann gebt ihren Pflichtanteil am Tag der Ernte"
(Quran 6:41)

Für Erträge durch Bodenbestellung und Ackerbau
ab 653 kg = 10% (natürliche Bewässerung)
= 5 % (künstliche Bewässerung)
= 7,5% (bei halbjährlicher Bewässerung)

Der Pächter entrichtet Zakat für die Erträge und der Eigentümer für die Pachteinnahmen.

IV Zakat für Lohn, Gehalt und Einnahmen aus selbstständiger Tätigkeit
Nisaab > 85g Gold (Gegenwert)
- Man muss mindestens 1 Jahr lang Besitzer oder Eigentümer mit uneingeschränkter Verfügung sein.
= 2,5% der Gesamteinnahmen

V Zakat auf Bodenschätze (Erdöl, Metalle, Mineralöle)
- Entrichtung nach der Förderung
= 2,5% des Produktes bzw. Des Verkaufswert (wie Gold und Silber)

VI Zakat für Aktien
(Der Handel mit Halalaktien ist erlaubt, da keine Zinsen erzielt werden)
Nisaab > 85g Gold (Gegenwert)
= 2,5% des aktuellen Marktwertes
Bezahlt die AG Zakat, ist sie getilgt.

VIII Zakat auf Wertpapiere (Obligationen, Schuldverschreibungen)
Das ist auf Grund der Zinsen verboten, für die Wertpapiere zahlt man Zakat.
Nisaab > 85g Gold (Gegenwert)
= 2,5% des Nennwertes ohne Zinsen
Zinsen müssen zurück gegeben werden oder an Arme verteilt werden.

IX Zakat auf Immobilien und Grundvermögen
Nisaab > 85g Gold (Gegenwert)
= Grundgewinn und Gesamtgewinn, davon 2,5%

X Zakat für Gold und Silber

„Denjenigen, die Gold und Silber horten und nicht auf Allahs Weg ausgeben, überbringe ich die „frohe Botschaft" einer qualvollen Peinigung, am Tag, an dem Gold und Silber im Feuer von der Hölle erhitzt werden, dann damit ihre Stirn, ihre Seite und ihre Rücken gebrandmarkt werden. Dies ist, was ihr für euch selbst gehortet habt. Also erfahrt, was ihr gehortet habt.
(Quran 9:34-35)

Nisaab > 85g Gold (Gegenwert) = 2,5% vom Gesamtbetrag
Nisaab > 595g Silber (Gegenwert)= 2,5% Gesamtbetrag

XI Zakat für Kapitalvermögen
(Barvermögen, Bankguthaben, Ersparnisse etc.)
Nisaab > 85g Gold (Gegenwert) = 2,5% vom Gesamtbetrag

XII Zakat für Schmuck und Dekorationsmittel
Dekorationsmittel aus Gold und Silber sind verboten (haram), aber trotzdem zakatplichtig.
= 2,5% des aktuellen Gold- bzw. Silberwertes
- Goldschmuck für Männer ist verboten, Silberschmuck ist zakatpflichtig
- Frauen dürfen Gold- und Silberschmuck tragen, müssen dafür aber Zakat bezahlen.
Abgabe wie bei Gold und Silber

Zakat darf nicht ausgezahlt werden an
- Nichtmuslime
- Vermögende Muslime (ausgenommen derer, die trotz Arbeit für ihren Lebensunterhalt nicht aufkommen können.
- Muslime, die schwere Sünden begehen (Unzucht, Alkoholkonsum, Glücksspiel, Bestechung)

- Vermögende Muslime (Männer dürfen nur Zakat an Verwandte zahlen, zu deren Unterhalt sie nicht verpflichtet sind.
- Die Familie des Propheten (die Bani Haschim und Bani Abdul- Muttalib. Weder Zakat noch freiwillige Spenden)

Sanktionen wegen Unterlassung

-„Jede Gemeinschaft, welche die Zakat verweigert, wird von Allah durch Dürre und Hungersnot geprüft."
(Imam al Haakim)

-„Wer die Zakat verweigert, von dem werden wir sie gewiss nehmen und dazu noch die Hälfte seines Vermögens."
(Imam Ahmad Bnu-hanbal)

Sollte man irrtümlich an unberechtigte Empfänger gezahlt haben, braucht man die Zakat nicht erneut zahlen. Wird dies absichtlich gemacht, ist die Zakat ungültig und muss erneut gezahlt werden. Nichtberechtigte Zakatempfänger müssen die irrtümlich gezahlte Zakat sofort zurück zahlen.

Zakat alfitre
Wird zum Ende des Ramadan von Kindern und Erwachsenen gezahlt. Sie wird als Reinigung für die Verfehlungen während des Fastens angesehen.
Die Höhe entspricht (ca. einer Handvoll) Weizen, Datteln oder Rosinen. Je nach Kurs des Landes ist sie unterschiedlich hoch. In Deutschland beträgt sie 5-7 Euro und liegt im Gegenwert einer einfachen Mahlzeit im jeweiligen Land.

*Sollte man während des Jahres versterben, zahlen die Erben vor der Verteilung des Vermögens das Zakat.

V Die Pilgerfahrt

„Vollzieht die Pilgerfahrt (Hadsch) und die Besuchsfahrt (Umra) für Allah."
(Quran 2:196)

Das Wort Hadsch bedeutet Pilgerfahrt. Auf Arabisch heißt es „ziehen, beabsichtigen". Der Muslim reist dazu nach Mekka, um rituelle Handlungen zu einer bestimmten Zeit zu vollziehen.

„Das erste (Gottes)haus, das für die Menschen gegründet wurde, ist wahrlich dasjenige in Bakka , als ein gesegnetes (Haus) und eine Rechtleitung für die Weltenbewohner.
Darin liegen klare Zeichen. (Es ist) der Standort Ibrahims. Und wer es betritt, ist sicher. Und Allah steht es den Menschen gegenüber zu, dass sie die Pilgerfahrt zum Hause unternehmen - (diejenigen,) die dazu die Möglichkeit haben. Wer aber ungläubig ist, so ist Allah der Weltenbewohner unbedürftig."
(Quran 3: 96-97)

Jeder Muslim (Muslima) ist dazu mindestens einmal im Leben verpflichtet, wenn er finanziell und gesundheitlich dazu in der Lage ist. Sobald die Voraussetzungen dazu erfüllt sind, soll sie vollzogen werden.

„Wer die Hadsch- Pilgerfahrt vollzogen hat, ohne dabei zu freveln oder zu sündigen, kommt sündenfrei zurück, wie am Tage als seine Mutter ihn geboren hat." **(Buchary)**

„Die aufrichtig vollzogene Hadsch- Pilgerfahrt hat keinen anderen Lohn als das Paradies." **(Buchary, Muslim)**

Jeder, der die Verpflichtung zur Hadsch- Pilgerfahrt leugnet, kann nicht zu den Muslimen gezählt werden. Es ist erlaubt einen Vertreter für sich zu nehmen, sollte man selber dazu nicht mehr in der Lage sein. Der Vertreter sollte die Reise für sich schon mal gemacht haben. Das gilt für Verstorbene, Alte und Kranke.

Voraussetzungen für die Hadsch
- man muss Muslim sein
- Geschlechtsreif
- zurechnungsfähig (geistig gesund)
- man braucht ein sicheres Transportmittel für die Reise. Die Reise darf nur aus ehrlicher Quelle versorgt sein (Ersparnisse, Leihgeld ohne Zinsen)

Frauen
- dürfen nach der Scheidung nur nach der Wartezeit die Pilgerfahrt antreten
- sie dürfen nur mit einem männlichen Begleiter (Mahram) reisen, den sie nicht heiraten dürfen (Bruder, Sohn, Vater)
- eine Frau darf in einer vertrauenswürdigen Frauengruppe auch ohne Mahram reisen. Sie hat dann die Pilgerfahrt erfüllt, nur nicht so wie Allah es gewollt hätte.
- da die Hadsch für die Frau eine religiöse Pflicht ist, bedarf sie nicht der Erlaubnis des Ehemanns

Die Hadschmonate sind:
- Schawaal - der zehnte Monat im islamischen Mondkalener (Beginn erster Tag)
- Dhul- qa`dah - der elfte Monat im islamischen Mondkalender
- Dhul- Hidscha - der zwölfte Monat im islamischen Mondkalender (Ende zehnter Tag)

Hadschvorbereitung
- man fasst die Absicht zur Hadsch
- tilgt alle Schulden vor der Hadschzeit
- gibt geliehenes den Eigentümern zurück
- schreibt sein Testament
- verabschiedet sich im Guten von seinen Eltern
- wendet sich von Sünden ab und bereut aufrichtig
- die Reise- und Unterhaltskosten müssen auf erlaubte Weise beschaffen worden sein
- man wählt eine erfahrene Hadschgruppe aus, um die Riten ordnungsgemäß und zeitgerecht durchführen zu können
- man lernt die Hadschriten

Man spricht Bittgebete beim Verlassen der Wohnung und des Hauses und beim betreten seines Reisegefährts.

Die Haramzone (verbotene Zone) beginnt je nach Anreiseort an einem bestimmten Ort rund um Mekka. Für die Pilger in Mekka liegt sie bereits in ihrer Wohnung, von Jordanien aus liegt sie in Al- Dschuh-fah (157km nördlich von Mekka). Von da aus muss die Absicht zur Pilgerfahrt laut ausgesprochen werden. Je nach dem welche Hadsch man vollziehen will.
Tritt man in die Haramzone als Pilger ein, ohne die Absicht dazu gefasst zu haben, muss man eine Kafaraah leisten. Das bedeutet, dass man ein Opfertier schlachtet, damit die Pilgerfahrt gültig bleibt.
Die Haramzone darf man erst überschreiten, wenn man in den Ihram- Zustand eingetreten ist. Man bereitet sich also vor, die ab dann verbotenen Handlungen vorsorglich zu erledigen.
Es ist Sunna das man sich die Nägel schneidet, den Schnurrbart kürzt, die Scham- und Achselhaare rasiert, die Ganzkörperwaschung und die Gebetswaschung vollzieht , sich parfümiert (Kleidung und Körper). Danach betet man zwei Ra`ka.
Männer ziehen sich zwei weiße, undurchsichtige Tücher an. Eins um den

Unterleib, das andere um die Schulter geworfen, dazu Sandalen oder ähnliches.
Frauen ziehen normale, islamische Kleidung an.
Sobald man im Ihram ist, rezitiert man so oft wie möglich, die Talbiyah.

„Lab-baikal-laahum-ma lab-baik, lab-baika laa schariika laka lab-baik, In-mal-hamda wan-ni mata laka wa-mulk laa scharika lak"
Ich befolge (Deinen Ruf), Allah! Ich befolge (ihn); ich befolge (Deinen Ruf), der keinen Partner hat, ich befolge (Deinen Ruf). Aller Lobpreis und alle Wohltaten gehören Dir, sowie die Macht. Du hast keinen Partner!
(Buchary, Muslim)

Männer rezitieren sie leise, Frauen unhörbar.
Für menstruierende Frauen und Wöchnerinnen gilt die gleiche Regel

Ab jetzt ist es erlaubt
- sich ohne Parfüm zu waschen
- die Haare zu kämmen
- Zahnpflege mit Zahnbürste und Miswak
- tragen genähter Kleidung für Frauen
- Gesichtsbedeckung (nur bei Sandsturm, extremer Kälte)
- wechseln der Ihram- Kleidung
- tragen von Geldbeuteln, Regen und Sonnenschrim
- Blutentnahme, Zahnbehandlung, ärztliche Behandlung
- das Töten gefährlicher Tiere (Schlange, Skorpion)
- man darf Meerestiere fangen (angeln)

Ab jetzt ist es verboten
- sich zu streiten, drängeln
- Männer dürfen keine genähte Kleidung tragen
- Kleidung zu parfümieren
- Nägel schneiden
- das Tragen einer Kopfbedeckung (ohne Gesichtsbedeckung)
  (bei Missachtung muss eine Fidyah geleistet werden (Opfertier)
- Tragen von Schuhen, die über die Knöchel reichen
- das Tragen von Gesichtsschleier, Handschuhen
- das Jagen von Wild
  (Der Fang von Meerestieren und Verzehr von Wild, das von Personen erlegt wurde, die sich nicht im Ihram befinden, sind erlaubt)
- *Bei verstorbenen Hadsch- Wallfahrern*
1. den Leichnam zu parfümieren
2. das Bedecken des Kopfes bei Männern
- *Verbotene Handlungen zum anderen Geschlecht*
- Verlobung oder Heirat (für andere oder sich selbst)
- Geschlechtsverkehr oder andere Intimitäten

Kaffarah (Wiedergutmachung) bei Übertretung vom Verbot des Geschlechtsverkehr
(bezieht sich auf Mann und Frau)
- sollte es vor Arafa passieren, ist die Hadsch ungültig. Sie muss aber zu ende geführt werden
- man opfert ein Kamel
- (Wiederholung der Hadsch im darauf folgenden Jahr- egal ob Pflichthadsch oder freiwillige Hadsch)

Kaffarah (Wiedergutmachung) für Übertretung des Jagdverbotes
- Opfern eines Tieres oder
- Speisung von Bedürftigen im Schätzwert des getöteten Tieres

- fasten (die Tage zählen wie die Anzahl der zu speisenden Personen)
Die erste Kaffara vergibt ihre Massgeblichkeit, sollte sie nicht möglich sein. Man geht dann über zur nächsten Wiedergutmachung, um auch wirklich in der Lage dazu zu sein.
Beim versehentlichen Töten gilt die gleiche Kaffarah.

Bei Übertretung anderer Verbote opfert man ein Schaf, fastet die Tage oder speist Bedürftige mit drei saa`(ca 6,5kg) Datteln oder dem Gegenwert an Lebensmitteln in Bargeld.
Sollte die Übertretung aus Versehen passieren, muss man keine Kaffarah leisten.

Der Tag von Arafa (Yaum almadschud- Der bezeugte Tag)
- Ist der wichtigste Pflichtteil (Rukn) der Hadsch
Man soll sich dort ab dem Morgengrauen des 9ten Dhul Hidschra bis kurz vor dem Sonnenuntergang aufhalten. Es wird die Ganzkörperwaschung ausgeführt und man soll den ganzen Tag im Zustand der rituellen Reinheit sein. Man betet zu Gott und bittet ihn um Verzeihung, redet nicht sinnlos daher, blickt stets in Richtung Mekka, betet das Mittags- und Nachmittagsgebet verkürzt zusammen. Menstruierende Frauen und Wöchnerinnen halten sich auch an diesem Ort auf. Nach dem Sonnenuntergang am 9. Dhul Hidschra reist man zu Fuß nach Muzdalifah, spricht unterwegs die Talbiyah und macht Bittgebete.

Die Kaabaumschreitung (Al Tawaaf)
Tawaaful- ifaada
- Ist ein Pflichtteil (Ruk`n) nach dem Aufenthalt in Arafa
(10ter Dhul Hidschah bis 13ter Dhul Hidschah)
- Frauen machen diesen Tawaaf direkt am 10ten Dhul- Hidschah, sollte sie befürchten ihre Tage zu bekommen. Für menstruierende Frauen und Wöchnerinnen ist es verboten, muss aber nachgeholt werden, da sonst die Pilgerfahrt ungültig ist.

- Männer gehen die ersten drei Runden im Laufschritt, die restlichen vier im normalen Gang.

Tawaaful- wadan (Abschiedstawaaf)
- Das ist der Abschiedstawaf und wird kurz vor der Abreise aus Mekka vollzogen. Man läuft sieben Mal im normalen Schritt, menstruierende Frauen und Wöchnerinnen sind davon befreit.

Tawaaful- qaduum (Tawaaf des Eintreffen)
- Das ist die Umrundung beim Eintreffen in der Moschee Masjidul haraam
- Man läuft im normalen Schritt
In Hadschul- tamattu und Umra- Pilgerfahrt nennt man sie Tawaaful- umra.
- Es ist für Männer Sunna, die ersten drei Runden im Laufschritt durchzufüuhren, den Rest geht man im normalen Schritt. Frauen laufen nur im normalen Schritt.

Tawaafut- tatauwu` (freiwilliger Tawaaf)
- Vollzieht man bei jedem Besuch der Masjidul- haraam
- Man läuft siebenmal im normalen Schritt
- Während der Hadsch vollzieht man den Tawaaf so oft wie möglich

Voraussetzungen für den Tawaaf
- Rituelle Reinheit
- Frauen und Männer in dschanabaah (große Unreinheit), menstruierende Frauen und Wöchnerinnen dürfen den Tawaaf nicht durchführen. Er wird nachgeholt, sobald die rituelle Reinheit wieder hergestellt ist.
- Bedeckung der Aura

Pflichthandlungen des Tawaaf
- Man läuft innerhalb des vorgeschriebenen Tawaafgebiets (ohne Hidschul-Ismael- Mauer Ismael= halbrunde Mauer an der Seite der Kaaba. Dieser Teil gehört der Kaaba selbst.
- Die Zeit muss eingehalten werden
- Man umrundet die Kaaba siebenmal, am schwarzen Stein beginnend und endend
- Man läuft gegen den Uhrzeigersinn im normalen Schritt, es ist anders vorgechrieben (Sunna)
- Alte, Kranke und Gehbehinderte dürfen getragen werden oder Hilfsmittel benutzen
  (z.B. Einen Rollstuhl)
- Verrichten des Gebets im Anschluß (2 Raka- 1 Raka Sura al kafirun, 2 Raka Sura Al Ichlas)

Sunnahandlung des Tawaaf
- Für Männer
Entblößen der rechten Schulter, die linke bleibt bedeckt
- Berühren und Küssen des schwarzen Steins
Sollte man es nicht schaffen, zeigt man in seine Richtung und sagt:
„Bismil-laahi wal- laahu akbaru wa lil- laahil- hamd, al- laahum- ma limaanam bika, wa tasdiqaan wa wafaa-an bi-ah-dika, wat- tibaa`an lisun-nati nabiyyaka muham- madin, sal-lal-laahu àlaihi wa sal-lam."
„Mit dem Namen Allahs, Allah ist größer und alles Lob gebührt Allah! (ich tue das,) weil ich den Glauben (Imaan) an Dich verinnerlicht habe, die Wahrhaftigkeit Deines Buches (des Quran) bestätige und mich an Dein Versprechen und die Sunna Deines Gesandten Muhammad, Friede und Segen auf ihn, halte."
- Berühren der jemenitischen Ecke

Dort sagt man:
„Rab-bana aatina fid-dunya hasanatan, wa fil achirati hasanatan,
wa qina alhaaban-naar."
„Allah gib uns im Diesseits Gutes und im Jenseits Gutes, und schütze uns vor dem Höllenfeuer."
(Buchary, Muslim)

- Man leistet freiwillige Gebete, fleht Allah um Verzeihung und gedenkt Allah.
„Subhaanal-laahi wal- hamdu lil- laahi wala ilaaha il- lal-laahu wal-laahu akbaru wala haula wa la quwwata il-la bil-laah."
„Lob sei Allah, Dank sei Allah. Es gibt keinen Gott außer Allah. Allah ist größer. Es gibt weder Kraft noch Macht außer bei Allah."
-Man macht den Tawaaf in einem Stück ohne Unterbrechung
(Außer zur Teilnahme des Gemeinschaftsgebets ist es erlaubt zu unterbrechen)
(Der Tawaaf hat drei Ebenen mit Behindertenpfad)

Safa und Marwa
- Der Sa`i ist ein Plichtteil der Hadsch
- Es ist der Lauf zwischen den Hügeln As- Safa und Al- Marwa. Sie liegen unmittelbar in der Nähe der Kaaba und sind der Masjid al Haram integriert. Die Strecke ist 420m lang.
- Man läuft dort unmittelbar nach dem Tawaaf siebenmal von As- Safa nach Al- Marwa hin und her. Fängt man von Al- Marwa an, muss man ein Opfertier schlachten (Kafaara)
- Die rituelle Reinheit ist erwünscht, aber keine Pflicht. Daher können menstruierende Frauen und Wöchnerinnen den Lauf auch vollziehen.

Die Sunnahandlungen des Sa`i
- Auf dem Berg As- Safa spricht man in Richtung Kaaba

„La ilaaha il-lal-laahu wah-dahu la scharika la, lahul- mulku wa lahul- hamdu wa huwa `ala kul-li schai-in qadir. La ilaaha il- lal- laahu wah- dahu andschaza wa nasara `abduhu wa hazamal-ah-zaba wah-dah."
„Es gibt keinen Gott außer Allah. Er ist einzig und hat keinen Partner. Ihm gehört die Herrschaft und das Lob und Er ist über alles allmächtig. Es gibt keinen Gott außer Allah. Er ist einzig. Er hat Sein versprechen gehalten und Seinen Diener zum Sieg verholfen und die Alliierten alleine besiegt."
(Buchary, Muslim)

- Man läuft im normales Schritt (Frauen)
(Im grünen Streifen- der ehemaligen Senke, beschleunigen die Männer etwas. Auf dem Rück- und Hinweg) Alte, Kranke und behinderte dürfen Hilfsmittel benutzen (Rollstuhl)
- Der Sa`i findet gleich nach dem Tawaaf statt
- Der Sa`i findet in einem Stück statt und wird nur durch das Gemeinschaftsgebet unterbrochen
- Man spricht Bittgebete, gedenkt Gott und rezitiert den Quran
(Heute hat der Sa`i vier Ebenen mit Behindertenpfad)

Das Kürzen bzw. Rasieren der Kopfhaare
- Ist ein Pflichtteil (Ruk`n) der Hadsch

„Bereits bewahrheitete Allah Seinem Gesandten das Traumgesicht wahrheitsgemäß. Ihr werdet, so Allah will, bestimmt die Moschee und die Kaaba in Sicherheit mit rasierten Häuptern oder mit kurzgeschnittenen (Haaren) betreten. Ihr werdet euch nicht fürchten. So wusste Er, was ihr nicht wisst, dann machte Er nach diesem einen nahen Sieg."
(Quran 48:27)

- Männer rasieren ihren Kopf komplett, sollte er bereits eine Glatze haben, rasieren sie den Kopf symbolisch
- Frauen lassen sich die Haare kürzen, rasieren ist verboten
- Bei Hadschul- ifraad bzw. Hadschul- qiraan macht man das nach dem Bewerfen von Dschamratul- aqabah und nach dem Schlachten
- Bei Hadschul-tamattu und Umra macht man das nach dem Sa`i (10,11,12 und 13. Dhul Hidschah)
- Man rasiert zuerst die rechte Kopfhälfte, dann die linke, sitzt mit dem Gesicht in Richtung Mekka, sagt Allahu Akbar (Takbir). Im Anschluss betet man 2 Ra`ka, kürzt den Schnurrbart und die Nägel.

Der Aufenthalt in Muzdalifah
- Ist eine waadschib- Handlung (nicht zu verleugnende Pflicht)
- Muzdalifah ist ein Gebiet zwischen Arafa und Mina auf dem Weg in Richtung Mekka. „Almarsch`arul haraam" ist ein Tal von Muzdalifah in Richtung Mina.
- Es ist Sunna dort zu übernachten. Wer dazu nicht in der Lage ist, ist davon befreit und muss keine Kafaraah leisten
- Es ist Sunna Arafa nach Sonnenuntergang am 9ten Dhul - Hidschah zu verlassen. Man geht dabei gemütlichen Gangs.

> „Ihr Menschen! Geht in Ruhe (nach Muzdalifah), denn Frömmigkeit zeichnet sich gewiss nicht durch Schnelligkeit."
> **(Buchary, Muslim)**

- Man bleibt dort bis zum Morgengrauen des 10 Dhul- Hidschah
- Es ist Sunna das Abend- und Nachtgebet verkürzt zusammen zu beten. Das Frügebet betet man rechtzeitig zu Beginn. Zwischen dem Frühgebet und dem Aufbruch nach Mina in „Almarsch`arul haraam" leistet man stehend Bittgebete und gedenkt Allah.
- Das Ende des Aufenthalt in Muzdalifah beginnt mit dem Sonnenaufgang des

10. Dhul- Hidschah.
- Das Tal Muhassir wird im Laufschritt zurück gelegt. Es liegt zwischen Muzdalifah und Mina. Hier wurde König Abraha Al Habaschy (der Äthiopier) mit seinem Elefantenheer durch Lehmklumpen werfende Vögel vernichtet (Quran 105:1-5) als er die Kaaba vernichten wollte.
- Mensturierende Frauen und Wöchnerinnen erfüllen die Pflicht des Aufenthalts in Muzdalifah.

Das Bewerfen (Ramyi) der Dschamaraat (Kleine Steinchen- Mauern)
- Ist eine wabschib- Handlung (nicht zu verleugnende Pflicht)
- Es symbolisiert die Steinigung des Satans und wird zum Gedenken des Propheten Ibrahim praktiziert.

Der Prophet Muhammad, Friede und Segen auf ihn, sagte: „Als Ibrahim dabei war, die Hadsch (Riten) zu vollziehen, erschien ihm der Satan bei Dschamaratul- aqabah. Dann bewarf Ibrahim ihn mit sieben Steinchen, bis er in der Erde verschwand. Dann erschien bei ihm der zweite Dschamarat, so bewarf er ihn mit sieben Steinchen, bis er in der Erde verschwand. Dann erschien er ihm bei der dritten Dschamarat, so bewarf er ihn mit sieben Steinchen, bis er in der Erde verschwand."
(Al- baihaqi)

- Der erste Dschamaraat - Al dschamaraat aqabah liegt am Ortsrand von Mina
- Der mittlere Dschamaraat- Al dschamarrat wusta ist 116 m vom großen Dschamaraat entfernt
- Der kleine Dschamaraat- Al dschamarrat sughra ist 154 m entfernt von dem mittleren Dschamaraat)

Pflichthandlungen des Bewerfens Ramyi)
- Die Absicht fassen
- Man wirft nur mit Steinchen und eines nach dem anderen
- Am 10 Dhul- Hidschah bewirft man nur die große Mauer (ohne Verweilen und Bittgebete)
- Am 11,12, und 13 Dhul- Hidqschah bewirft man zuerst die kleine, dann die mittlere und zuletzt die große Dschamaraat- Mauer

Sunnahandlung des Bewerfens (Ramyi)
- Man hält einen Abstand von drei Metern
- Man steht in Richtung Kaaba (außer am 10. Dhul- Hidschah bei der großen Mauer)
- Man verweilt kurz und rezitiert ein Bittgebet
- Die Steinchen sollen etwas Haselnussgröße haben. Sie werden von unterwegs in Muzdalifah oder auch in Mina gesammelt
- Sollte man den Ramyi nicht durchführen können, darf man einen Vertreter wählen. Dieser darf nach seiner Pflicht, die des anderen miterfüllen. Sollte man gar nicht dazu kommen, opfert man ein Opfertier.

Menstruierende und Wöchnerinnen erfüllen die Pflicht des „Bewerfens der Dschamaraat- Mauern".

Die Übernachtung in Mina (al- mabiit fi mina)
- Die Übernachtung in Mina am 11,12 und 13 (bzw. 11 und 12) Dhul- Hidschah ist eine wadschib- Handlung (nicht zu verleugnende Pflicht). Man nennt sie Taschriiq- Tage (" Tage des Fleischtrocknens"), weil das Fleisch zur Konservierung in die Sonne gelegt wurde.
- Man übernachtet drei Nächte dort. Sollte man bereits am 12. abreisen, fasst man die Absicht dazu und führt den Ramyi durch.
- Menstruierende und Wöchnerinnen erfüllen die Pflicht der " Übernachtung in Mina".

Die Aufgabe ist erfüllt, wenn man bis zur Hälfte der Nacht (zwischen

Sonnenuntergang und -aufgang) dort gewesen ist.

Die Opfertiere (Hadyi)
- Das Schlachten soll zu Allahs Wohlgefallen sein
- Ist eine wadschib- Handlung (nicht zu verleugnende Pflicht) bei Hadschul- tamattu und Hadschul- qiraan
- Man opfert als Vergeltung der Verletzung der Hadschriten, wenn sie wadschib sind
- Man opfert bei Übertretung des Ihram- Verbots
- Ist eine Sollhandlung (mustahab) bei Hadschul- ifraat und der Umra- Pilgerfahrt

*Und die Opferkamele haben Wir euch zu Kultzeichen Allahs gemacht. An ihnen habt ihr (etwas) Gutes. So sprecht den Namen Allahs über sie aus, wenn sie mit gebundenen Beinen dastehen. Wenn sie nun auf die Seite umgefallen sind, dann esst davon und gebt dem bescheidenen und dem fordernden (Armen) zu essen. So haben Wir sie euch dienstbar gemacht, auf dass ihr dankbar sein möget. Weder ihr Fleisch noch ihr Blut werden Allah erreichen, aber Ihn erreicht die Gottesfurcht von euch. So hat Er sie euch dienstbar gemacht, damit ihr Allah als den Größten preist, dass Er euch rechtgeleitet hat.
Und verkünde frohe Botschaft den Gutes Tuenden.*
(Quran 22:36-37)

- Es sind Kamele, Rinder, Ziegen und Schafe beiderlei Geschlechts (Kamele 5 Jahre, Rind 2 Jahre, Ziege 1 Jahr, Schafe 6 Monate alt) Hadys müssen gesund sein und dürfen nicht behindert sein
- Pro Person gilt ein Schaf/ Ziege oder 1/7 Kamel oder 1/7 Rind
- Man schlachtet vom 10 bis 13. Dhul Hidschah
- Es wird in der Nähe der Al haram Moschee geschlachtet

An ihnen habt ihr (allerlei) Nutzen auf eine festgesetzte Frist, hierauf liegt ihr Zielort beim alt(ehrwürdig)en Haus.
(Quran 22:33)

- Die Hadschpilger schlachten den Hadyi in Mina, die Umra- Pilger schlachten des Hadyi in Al- Marwah

Ud- Hiyah (Opferung von Personen, die keine Hadschpilger sind)
- ist eine beliebte Sunnahandlung für alle Daheimgebliebenen, die finanziell dazu in der Lage sind.

> Der Prophet Muhammad, Friede und Segen auf ihn, sagte: „Wer dazu in der Lage ist und dennoch keine Ud- Hiyah schlachtet, der darf nicht in die Nähe der Moschee kommen."
> **(Abu dawuud)**

- man fasst die Absicht dazu, in der vorgeschriebenen Zeit (nach dem Id- Gebet bis zum 4. Feiertag, kurz vor Sonnenuntergang)
- man spendet einen Teil des Rohfleisches von Kamel, Ziege, Rind oder Schaf
- der Schlachter bekommt keine Entschädigung für seine Arbeit

Verwendung des Fleisches
- bei freiwilligen Schlachten darf das Fleich selbst gegessen und verschenkt werden (Hadschul- qiraan und Hadschul- tamattu, bei Kafaraa und Einlösung eines Gelüpptes)
- man darf mit dem Schlachten eine Firma beauftragen, bezahlt dann lediglich das Tier dabei

Das Trinken von Zamzam
- wird nach jedem Tawaaf (7 malige Kaabaumrundung) und jedem rituellen Gebet als Sunnahandlung gemacht.

> Der Prophet Muhammad, Friede und Segen auf ihn, sagte: „Das Wasser von Zamzam nutzt entsprechend der Absicht, die dabei gefasst wurde."
> **(At- tirmidi)**

- man trinkt in Richtung Qibla (Gebetsrichtung / Kaaba) in drei Schlücken und sagt: „Allhamdul-lil-lah". Ibn Abaas sagte: „Allah! Ich bitte Dich um nützliches Wissen, um große Gaben und um Heilung von jeder Krankheit."

Die Hadschpredigten
- nach dem Mittagsgebt am 7. Dhul- Hidschah in der Masjid al Haram
- vor dem Mittagsgebet am 9. Dhul- Hidschah in der Namirah- Moschee in Arafa
- nach dem Mittagsgebet am 10 Dhul- Hidschah
- nach dem Mittagsgebet in Mina am 12. Dhul- Hidschah

Es ist eine Sunna bzw. Sollhandlung diesen Predigten konzentriert zuzuhören.

Übernachtung in Mina vor dem Aufenthalt in Arafa
- ist eine Sunnahandlung
- man verlässt Mekka am 8. Dhul- Hidschah in Richtung Mina und betet das Mittags,- Nachmittags,- und Abend,- und Nachtgebet dort. Nach dem Frühgebet verlässt man Mina am 9. Dhul- Hidscha in Richtung Arafa, spricht den Talbiya und Bittgebete.

Das Verweilen in „Al- bat- haa" bzw. „Al- muhassab"
- ist eine Sunnahandlung zum Gedenken an den Boykott der Quraisch gegen die Muslime im Jahr 616 - 619 n.Chr.

Menstruierende Frauen und Wöchnerinnen erfüllen diese vier Pflichten

Aufhebung des Ihram bzw. Hadschverbote (at- tahallul)
<u>Der erste Tahallul wird nach</u>
- dem Bewerfen der Dschamarah- Mauer
- schlachten der Opfertiere bei Hadschut- tamattu und Hadschud - qiraan
- kürzen bzw. Rasieren der Kopfhaare
- Tawaful- ifaada (Tawaaf nach Arafa) und dem Sa`i (Lauf zwischen Al Safa und Al- Marwa)

Beginn: entweder mit dem Anbruch des Morgenlichts oder ab Mitternacht des 10. Dhul- Hidschah.

Verboten ist nur noch der Geschlechtsverkehr

<u>Der zweite Tahallul</u>
- Sobald man alle vier Handlungen vervollständigt hat, wird auch das Verbot des Geschlechtsverkehrs aufgehoben

Die Hadscharten
I Hadschul- ifraat
- man geht in den Ihram mit der Absicht zur Hadschul- ifraat und sagt:„Labbaika bi hadsch"-
"Allah, ich befolge Deinen Ruf mit dem Vollzug einer Hadschpilgerfahrt."
- Der Begrüßungstawaaf (Tawaaful- qudamm) aber ohne Sa`i
- 8. Dhul Hidschah Übernachtung in Mina und alle anderen Hadschriten
- nach dem zweiten Tahallul kann man Mekka verlassen, tritt wieder in den Ihram und macht eine Umrah

(Das Schlachten ist nicht vorgeschrieben, sondern dient nur als Kafaara)

II Hadschut- tamattu
- ist eine Hadsch und Umra- Pilgerfahrt

Zuerst macht man die Umrah und dann die Hadsch
- man fässt die Absicht zur Umra und sagt: " lab- baika- bi umra"

„Allah! Ich befolge Deinen Ruf mit dem Vollzug der Umra"

Dann vollzieht man die Handlungen der Umrah und endet mit der Kopfrasur
- für die Durchführung der Hadsch tritt man erneut in den Ihram fast mit Absicht mit „lab- baika- hadsch" - Allah! Ich befolge Deinen Ruf mit dem Vollzug der Hadsch- Pilgerfahrt.
- man vollzieht ab dem 8. Dhul- Hidschah die Hadschriten
- man schlachtet ein Opfertier. Sollte dies nicht möglich sein, leistet man stattdessen eine Kafaara. Man fastet dazu zehn Tage (3 Tage während der Hadsch und sieben Tage nach der Rückkehr).

Vollzieht die Pilgerfahrt und die Besuchsfahrt für Allah. Wenn ihr jedoch (daran) gehindert werdet, dann (bringt) an Opfertieren (dar), was euch leichtfällt. Und schert euch nicht die Köpfe, bevor die Opfertiere ihren Schlachtort erreicht haben! Wer von euch krank ist oder ein Leiden an seinem Kopf hat, der soll Ersatz leisten mit Fasten, Almosen oder Opferung eines Schlachttieres. - Wenn ihr aber in Sicherheit seid, dann soll derjenige, der die Besuchsfahrt mit der Pilgerfahrt durchführen möchte, an Opfertieren (darbringen), was ihm leichtfällt. Wer jedoch nicht(s) finden kann, der soll drei

Tage während der Pilgerfahrt fasten und sieben, wenn ihr zurückgekehrt seid; das sind im ganzen zehn. Dies (gilt nur) für den, dessen Angehörige nicht in der geschützten Gebetsstätte wohnhaft sind. Und fürchtet Allah und wisst, dass Allah streng im Bestrafen ist!
(Quran 2: 196)

Die Hadsch ist nach dem Abschiedstawaaf (tawaaful- wadaa`) abgeschlossen.

III Hadschul qiraan
- die Hadsch und Umra wird gleichzeitig vollzogen
- man tritt in den Ihram ein und fasst die Absicht mit den Worten „la- baika bi hadsch wa umra"
„Allah! Ich befolge Deinen Ruf mit dem Vollzug der Hadsch und der Umra- Pilgerfahrt."
- man vollzieht den Begrüßungstawaaf (tawaaful qudumm) und den Sa´i (Lauf zwischen Al Safa und Al Marwa.
- bis zum Beginn der Hadsch bleibt man im Ihram
- ab dem 8. Dhul- Hidschah vollzieht man die Pilgerriten
- man schlachtet ein Opfertier oder fastet mindestens 10 Tage (Quran 2:196)
Nach dem Abschlusstawaaf sind die Umra- und Hadschriten abgeschlossen

Die wichtigsten Hadschriten
- Al Ihram- der Weihezustand
- Tawaaf des Eintreffens, Tawaaf des Eintreffens (tawaaful qudumm)
- As Saì (der Lauf zwischen Al Safa und Al Marwa
- Aufenthalt in Arafa
- Aufenthalt in Muzdalifah
- Kopfhaare kürzen bzw. Rasieren
- Bewerfen der Dschamaraat- Mauern
- Tawaaful- ifadaah (Tawaaf des Verlassens von Arafa)
- Al Hadyi - die Opferung
- Übernachtung in Mina
- Tawaaful - wadaa (Abschiedstawaaf)

Die wichtigsten Umrariten
- Al Ihram
- Tawaaful- umrah
- As Sa`i (der lauf zwichen Al Safa und Al Marwa)
- Kopfhaare kürzen bzw. Rasieren

Die Umra ist Sunna- muakkadah und kann zu jeder Jahreszeit vollzogen werden (außer zur Hadschzeit 9.-13. Dhul-Hidschah). Hadschpilger, die nur bis zum 12. Dhul- Hidsch bleiben, dürfen am 13. die Umrah vollziehen.

„Die Umra- Pilgerfahrt ist eine Sühne (für die Vergehen in der Zeit) bis zur nächsten Umra- Pilgerfahrt."
(Buchary, Muslim)

Annullierung der Hadsch
- nur bei der Missachtung des Verbots des Geschlechtsverkehrs
vor dem ersten Tahallul (Austreten aus dem Ihram)
Bei Hadschul- ifraat bzw. Qiraan oder
vor dem Beenden der Umrah- Handlungen bzw. Hadschul- tamattu

Kafaara: - Durchführung der Hadsch bis zum Ende
- Opfern eines Kamels
- Wiederholung der Hadsch im folgenden Jahr
(egal ob Pflichthadsch oder freiwillige Hadsch)

Versäumnis der Hadsch
- Wenn man den Aufenthalt in Arafa am Mittag des 9. Dhul Hidscha und dem Morgenlicht des 10. Dhul- Hidschah verpasst

= Sofortiges Beenden der Riten mit Tahallul. Die Hadsch wird dann als Umra gewertet

= Wiederholung der Hadsch im folgenden Jahr (nur bei Pflichthadsch)

Verhinderung der Hadsch- bzw. Umra- Pilgerfahrt
- durch extreme Witterungsverhältnisse
- Gefahr für Leib und Leben durch Feinde bzw. durch Krankheit

Im Jahr 628 n.Chr. (6.n.H) kam es zu dem Vertrag von Hudaibiya. Muhammad, Friede und Segen auf ihn, durfte die Umra in diesem Jahr nicht vollziehen. Er erhielt die Erlaubnis im darauf folgenden Jahr für drei Tage in Mekka zu bleiben. Er führte die Umra zu ende, in dem er den Hadyi opferte und sich den Kopf kahl rasierte.

Wenn ihr jedoch (daran) gehindert werdet, dann (bringt) an Opfertieren (dar), was euch leichtfällt. Und schert euch nicht die Köpfe, bevor die Opfertiere ihren Schlachtort erreicht haben!
(Quran 2:196)

- Wiederholung der Hadsch im folgenden Jahr (nur Pflichthadsch)

Islamische Feiertage

Das Fest des Fastenbrechens (Idul fitre)

- Wird auch als Bayram oder Zuckerfest bezeichnet. Es ist beliebt, jedem Muslim mit den Worten „Eid mubarak" zu gratulieren.

Das Fest findet am 1. Schawaal statt, nachdem die Neumondsichtung entweder am 29-. oder 30. Ramadan bestätigt wurde. Sollte der Neumond am 30. Ramadan nicht gesichtet werden, endet der Fastenmonat trotzdem. Da höchsten 29 bzw. 30 Tage gefastet wird. Eine Berechnung ist nicht zulässig.
Frauen, Kinder und Männer sind dazu angehalten das Id- Gebet zu verrichten. Danach findet ein Chutbah (Predigt) statt.
Menstruierende Frauen und Jungfrauen besuchen ebenfalls das Gebet. Sie lauschen aufmerksam der Predigt, beteiligen sich jedoch nicht am Gebet.
Man vollzieht den Ghusl und frühstückt ein paar Datteln. Im Morgengrauen betet man das Fajr- Gebet. Man leistet keine freiwilligen Gebete, wie die Begrüßungsraka beim Eintreffen in der Moschee.
Es ist empfohlen das Id- Gebet an einem öffentlichen Ort zu verrichten. Es wird kein Adhan und keine Iqama ausgerufen.
Das Zakatul fitre muss vor dem Id- Gebet gezahlt werden, versäumt man dies, gilt die Zahlung als normale Sadaqa und ist als Zakatul fitre ungültig.
Anders als bei der Freitagspredigt, wird zu erst gebetet und danach hält der Imam die Predigt.
Bevor der Imam kommt, um das Gebet zu eröffnen, spricht man den Takbir.
„Allahu akbar 2x, la ilaha ilallah 1x, allahu akbar 2x wa lillahil hamd 1x"
Es ist empfohlen auf dem Rückweg einen anderen Weg zu nehmen, als auf dem Hinweg.

Traditionell bereiten die Frauen für diesen Tag Gebäck zu, Kinder bekommen Geschenke oder Geld.

Das Opferfest (Idul Adha)

Das Fest feiert man am 10. Dhul Hidscha, einen Tag nach dem „Tag von Arafa". Die Begründung dazu liegt in diesem Ereignis:

> „Mein Herr, schenke mir einen von den Rechtschaffenen."
> Da verkündeten wir ihm (Ibrahim) einen nachsichtigen Jungen.
> Als dieser das Alter erreichte, dass er mit ihm laufen konnte, sagt er:" Oh mein lieber Sohn, ich sehe im Schlaf das ich dich schlachte. Schau jetzt was du dazu meinst." Er sagte: „O mein lieber Vater, tue, was dir befohlen wird. Du wirst mich, wenn Allah will, als einen der Standhaften
> finden.. Als sie sich beide ergeben gezeigt hatten und er ihm auf der Seite der Stirn niedergeworfen hatte, riefen Wir zu ihm:" Oh Ibrahim, Du hast das Traumgesicht bereits wahr gemacht." Gewiss so vergelten Wir den Gutes Tuenden. Das ist wahrlich die deutliche Prüfung. Und wir losten ihn mit einem großartigen Schlachtopfer aus.
> **(Quran 37:100 - 107)**

Das Schlachten findet nach dem Id- Gebet statt. Bei dem Id- Gebet wird kein Adhan und keine Iqama ausgerufen. Die Chutbah findet nach dem Gebet statt. Es darf bis vor dem Sonnenuntergang des 13. Dhul Hidscha geschlachtet werden.
Sowohl die Hadschpilger als auch die Daheimgebliebenen schlachten.

> „Auf den Angehörigen jedes Hauses lastet ein Opfer", und, „Wer wohlhabend ist und nicht schlachtet, soll sich unserem Gebetsplatz nicht nähern."
> **(Imâm Ahmad)**

Etwas von dem Fleisch wird verschenkt, das andere wird selbst gegessen.

> Al-Barâ ibn ʿÂzib überlieferte vom Propheten: „Vier sind für das Opfern nicht erlaubt: Das eindeutig auf einem Auge Blinde, das eindeutig Kranke, das Hinkende, dessen Bein eindeutig lahm ist, und das Schwache, das bereits wegen seiner Schwäche den Verstand verloren hat."
> **(Buchary, Muslim)**

*„Gewiss , mein Gebet und mein Schlachtopfer gehören Allah,
dem Herr der Weltenbewohner*
(Quran 6:162)

Für Männer ist das Gebet obligatorisch. Frauen sollen daran teilnehmen. Auch Jungfrauen und menstruierende Frauen. Menstruierende Frauen schauen allerdings dem Gebet zu.

***Wenn das Id- Gebet auf einen Freitag fällt, ist das Freitagsgebet für den am Id- Gebet teilnehmenden Mumin , keine Pflicht. Der Iman jedoch, als verantwortlicher Vorbeter, muss sowohl das Id- Gebet als auch das Jummagebet anführen.

Da beide Feste in allen Rechtsschulen verbindlich sind, können muslimische Schüler sich mit einer Erlaubniserklärung der Eltern, vom Unterricht befreien lassen.

Der Besuch in einer Moschee

Die Moschee (arab. Masjid) ist ein Gotteshaus (arab. baitul allah). In einer Moschee ist man sozusagen "Ein Gast Gottes", wenn man sie besucht.
Wenn man eine Moschee betritt, geht man mit dem rechten Fuß zu erst durch die Tür und sagt:"Bismillah." (Im Namen Allahs). Bevor man den Gebetsraum betritt, zieht man sich die Schuhe aus. Ein Muslim betet zur Begrüßung zwei Ra`ka (Gebetsabschnitte).

Der Besucher achtet auf Sauberkeit und saubere, angemessene Kleidung, isst keinen Knoblauch oder frische Zwiebeln davor, spricht nicht laut und ließt den Quran leise. Ein Besuch in der Moschee ist nicht nur am Tag der Versammlung (Freitag, arab. ´jaum al jumma) gerne gesehen, sondern man kann dort auch zu Vorträgen gehen, an Unterrichten zu islamischen Themen teilnehmen oder Quran lesen lernen.
Wenn man in einer Moschee etwas verliert, fragt man leise nach oder schaut, ob man den Verlust nicht selbst verschuldet hat.

Frauen und Männer besuchen getrennt von einander die Moschee und beten in getrennten Räumen. Sollte man nicht wissen, welcher Eingang der seinige ist, nimmt man den erst besten. Der Rest regelt sich dann freundlichst und zuvorkommnenst alleine ,-))))

Für Schulklassen ist es besser einen Termin bei einem Imam (Gelehrter und Vorbeter) abzumachen.
Am 3ten Oktober (Tag der deutschen Einheit) ist auch „Der Tag der offenen Tür" in allen Moscheen Deutschlands.
Bereitet Euch gut vor für den Besuch, damit Ihr gezielt Eure Fragen stellen könnt. Zumeist ist es so, dass in jeder Moschee Deutsch gesprochen wird.

Die Moschee in Eurer Nähe findet Ihr im Internet unter
http://www.moscheesuche.de/

Die Moschee
(Der Ort der Niederwerfung)

Eine Moschee ist der Treffpunkt für gemeinsame Gebete, in der Frauen und Männer jeweils in getrennten Gebetsräumen zusammen finden. Kinder beten bei dem Elternteil, das gerade mit ihm da ist.
Diese Räume werden auch für Versammlungen und Unterrichte verwendet. Man trifft sich zu Geschäften oder zum Gespräch.
In manchen Moscheen befinden sich anhänglich kleine Lädchen, in denen man Lebensmittel und Bücher kaufen kann.
Es sind Waschräume vorhanden, um die Gebetswaschung (Wu`du) zu vollziehen, sowohl bei den Männern als auch bei den Frauen. Außerdem verfügen die Moscheen über Räume für Unterrichte für Kinder und Erwachsene. Hier werden islamische Unterrichte abgehalten wie „islamische Frühgeschichte", richtiges Quranlesen (Tadschwid), Tafsir (Quranerläuterungen),Glaubenslehre (Aqida) und vieles mehr. In manchen Moscheen hat man sogar die Möglichkeit ,die arabische Sprache in Wort und Schrift erlernen zu können.
Die Gebetsräume sind zumeist mit Teppich ausgelegt. An den Wänden befinden sich gemalte Kalligrafien mit den Namen Allahs oder dem Schriftzug des Propheten Muhammads,Friede und Segen auf ihn.
Da der Hauptgebetsraum, derer der Männer ist, sind hier auch die moscheetypischen Möbel ausgestellt. Der Gebetsraum der Frauen ist mit Teppich ausgelegt und mancherorts mit einem Fernseher ausgestattet, der es ermöglicht, mittels Kameraübertragung, dem Imam (Vorbeter und Gelehrter) bei der Predigt (Chutbah) zu zuschauen.
Sobald das Gemeinschaftsgebet beginnt, wird der Fernseher ausgeschaltet. Die Betenden können sich während des Gebets mittels Lautsprecher entweder an der Quranrezitation oder den Worten "Allahu Akbar" orientieren, um dem Gebetsablauf synchron zu folgen.

Der Mihrab
Das ist eine Nische an der Stirnseite der Moschee, in der der Imam das Gebet führt. Sie ist in Richtung Kaaba ausgerichtet, der Gebetsrichtung (Qibla).

Die Minbar
Hier hält der Imam die Predigt oder der von ihm gewählte Vertreter.

Der Kursi (Vorlesepult)
Eine Kombiantion aus Stuhl und Thresen, auf dem der Quran beim Gemeinschaftsgebet ausgelgt wird. Er dient auch als Lehrstuhl.

Der Dikka
Eine Erhöhung auf der ein Übermittler steht, um die Quranrezitation und den Gebetsrythmus für die Betenden vorzuführen. Heutzutage haben die Moscheen jedoch eine Lautsprecheranlage, so dass dieses Möbelstück wegfallen kann.

Der Brunnen im Hof
Der Hof dient auch als Gebetsplatz, wenn der Gebetsraum zu voll ist. An dem Brunnen kann man die Gebetswaschung machen. Es ist aber eine architektonische Eigenart, die hier zu Lande eher nicht zu finden ist.

Das Minarett
Von hier aus ruft der Muadin (Gebetsrufer) den Adhan(Gebetsruf) aus. Heutzutage sind dort große Lautsprecher angebracht, um den Ruf über Land und Stadt zu tragen. Die Anzahl der Minarette ist nicht fest verbindlich.

Die Kibba (Kuppel)
Eine osmanische Architektur. Sie sind meistens bunt und mit Kachelmosaiken verziert.

Auf youtube gibt es eine Dokumentation dazu.

„Moscheeführung Duisburg Marxloh"

Dort wird die DITIB Merkez Moschee in Duisburg- Marxloh vorgestellt und nochmal alles genau erklärt und gezeigt, was in dem Beitrag zum Thema „Moschee" zu lesen ist.

Der Mondkalender

Richtet sich nach dem Mondstand. Der Monat beginnt mit dem Neumond, Mitte des Monats ist drei Tage Vollmond (die drei weißen Tage). An diesen Tagen ist freiwilliges Sunnafasten. Der Monat hat grundsätzlich entweder 29-30 Tage. Das Mondjahr hat 11 Tage weniger als der Sonnenkalender. Dadurch verschieben sich die Mondmonate auch in der Jahreszeit.

Die Mondmonate

> *Gewiss, die Anzahl der Monate bei Allah ist zwölf Monate, im Buch Allahs (festgelegt) am Tag, da Er die Himmel und die Erde schuf.*
> *Davon sind vier geschützt.*
> **(Quran 9:36)**

1 Muharram (Schutzmonat) *10* Ashura
2 Rabi Al Awal
3 Safar
4 Rabi Al Sani
5 Dschamadi Al Awal
6 Dschamadi Al Akhir
7 Radschab (Schutzmonat)
8 Schabaan
9 Ramadan - Fastenmonat
10 Schawal - 1 Idal fitr
11 Dhu-l Qada (Schutzmonat)
12 Dhu-l Hidscha (Schutzmonat) - *9* Tag von Arafa - *10* Idal adha

Schutzmonat

> *Sie fragen dich nach dem Schutzmonat, danach, in ihm zu kämpfen.*
> *Sag: In ihm zu kämpfen ist schwerwiegend.*
> **(Quran 2:217)**

Es ist empfohlen sich in dieser Zeit an die Grenzen zu halten, alle seine Pflichten zu erfüllen, auf Verbote und Rechte der Menschen zu achten.

Harira

Zutaten

100 g	Kichererbsen	aus der Dose oder einen Tag eingeweicht
100 g	Linsen, rote	
1000 g	Kartoffel(n)	schälen und in Würfel schneiden
1	Möhre	schälen und in Scheiben schneiden
1	Staudensellerie	waschen und in Streifen schneiden
2	Zwiebeln	abpellen und in Würfel schneiden
3 Zehen Knoblauch		schälen und zerdrücken
250 g	Rindfleisch	mit den Zwiebeln und Olivenöl anbraten
1 ½ Liter Fleischbrühe		dazu geben, etwa eine Stunde kochen, Gemüse dazu geben
		Schaum abschöpfen
2 kg	Fleischtomate(n)	abbrühen, pellen und pürieren etwa 20 Minuten kochen
1 Bund	Petersilie, glatte	waschen und hacken
60 g	Reis	dazu geben
1	Zitrone, (Saft davon)	
1 TL	Kreuzkümmel, gemahlener	
½ TL	Harissa (vorsicht sehr scharf)	mit den Gewürzen abschmecken
1 TL	Koriander, gemahlener	
½ TL	Kurkuma	
½ TL	Ingwerpulver	
	Salz	
	Pfeffer, schwarz, frisch gemahlen	
	Speisestärke	verdünnen und unterrühren

Die Suppe bildet die Einleitung zum Menü nach dem Fastenbrechen.

Aschura

Zutaten

100 g	Kichererbsen	eingeweicht oder aus der Dose
100 g	Bohnen, weiße	
150 g	Aschuraweizen (grober Bulgur)	bis zu 1 Tag vorher einweichen......
2	Mandarine(n)	klein schneiden
2	Feigen, getrocknete	
100 g	Aprikosen, getrocknete	
75 g	Pflaumen, getrocknete...
2 EL	Stärkemehl	aufgelöst, zum Einrühren
	Wasser	mind. 1 Liter dazugeben
250 g	Zucker, (oder mehr)	dazugeben, mind. 1 Stunde kochen
1 EL	Rosenwasser...
200 g	Walnüsse, gehackte	zum Schluss dazu geben................
50 g	Pinienkerne, (evtl.)	zum Verzieren
	Zimt, zum Bestreuen	
1	Granatapfel	
50 g	Korinthen	

Die Speise wird kalt serviert und in kleinen Schälchen.

Quellennachweis

- Fiqhul- Ibaadaat
Band 4 Islamologisches Institut (Hrsg)
ISBN 978-3-902741-01-1

- Die Grundprinzipien des Tawhid
Dr. Abu Ameenah Bilal Philips
ISBN 978-603-501-094-8

- Der edle Qur`an
Scheich Abdullah as- Samit Frank Bubenheim

www.islam-pedia.de
www.islamische-datenbank.de

Bitte besuchen Sie auch die Homepage des Verlages

www.assira-verlag.de

Buchempfehlung

„Die Chronologie des Propheten Muhammad als Arbeitsbuch"
Autorin: Andrea Mohamed Hamroune
ISBN 978-3-7412-7728-3

In jeder Biografie (Sira) des Propheten Muhammad, Friede und Segen auf ihn, steht am Ende des Buches eine Übersicht, in zeitlicher Zuordnung, über die wichtigsten Ereignisse in seinem Leben.
Diesmal ist es Eure Aufgabe eine Chronologie zu schreiben.
Als Anhaltspunkt sind Zeitvorgaben farblich hervorgehoben.

Reist zurück in das 7te Jahrhundert n.Chr..
Muhammad, Friede und Segen auf ihn, war der Al Amin (Vertrauenswürdige). Ein Mensch, den Gott zu dem Verkünder der Botschaft des Quran machte. Eine unzerstörbare, niemals veränderbare, unnachahmlich Botschaft, die die Menschen bis zum letzten Tag begleiten wird. Alles, was er mit den Worten Gottes und seiner Sunna verbot, dient zum Wohle der Menschheit. Alles was er erlaubte, soll für uns eine Richtlinie sein.

Muhammad, Friede und Segen auf ihn, lebte 23 Jahre in Begleitung einer göttlichen Offenbarung, die zu bestimmten Ereignissen in seinem Leben herab gesandt wurde. Um den Quran verstehen zu können, ist es unverzichtbar sein Leben zu kennen.

„Quran & Sunna"
Autorin: Andrea Mohamed Hamroune
ISBN 978-3-7412-6704-8

Der Quran und die Sunna sind die Fundamente des Islams. In ihnen sieht der Muslim nach dem, was er darf und nicht darf.

Um den Quran richtig verstehen zu können, ist es wichtig die Umstände der Offenbarung zu kennen, welche Frage dabei zu beantworten war oder in welcher Lebenssituation sich der Prophet Muhammad, Friede und Segen auf ihn, befand. Daher sollte man gute Kenntnisse über die Sira (das Leben) des Propheten haben.

Alles was der Prophet Muhammad, Friede und Segen auf ihn, gemacht hat, gesagt und was er billigend hingenommen hat, dient dem Muslim als Vorbild. Die Sunna bildet damit die Ergänzung zum Quran. Wenn wir also den Islam als Lebensart und Gesetz verstehen wollen, müssen wir auf beide Quellen zurück greifen.

In diesem Heft werden die Begriffe Quran und Sunna erklärt.